安重根

朝鮮・韓国歴史地図

朴 殷植 著
岡井禮子 訳
小川晴久 監修

展望社

동포에게 고함

내가 한국 독립을 회복하고
동양 평화를 유지하기 위하여
삼년 동안을 해외에서 풍찬
노숙 하다가 마침내 그 목적을
도달치 못하고 이곳에서 죽노니
우리들 이천만 형제 자매는
각각 스스로 분발하여 학문을
힘쓰고 실업을 진흥하며 나의
끼친 뜻을 이어 자유독립을
회복하면 죽는 자 유한이
없겠노라。

同胞に告ぐ

私は、韓国の独立を恢復し
東洋平和を維持するために
三年の間、海外で風餐露宿していたが
ついにその目的を達し得ず
　死なんとす
我ら二千万兄弟姉妹は
各自、自ら奮発して学問に
力を注ぎ、実業を振興し
私の遺した志を受け継いで
自由と独立を恢復すれば
死せんとする者にとって
遺恨などあろうはずがない

この遺書は、安義士が平壌の安秉瓚弁護士に面会し、同胞に伝えてくれるよう頼んだものである。刑執行の前日、1910年3月25日付「大韓毎日申報」に掲載された。

古朝鮮時代圖

第一圖

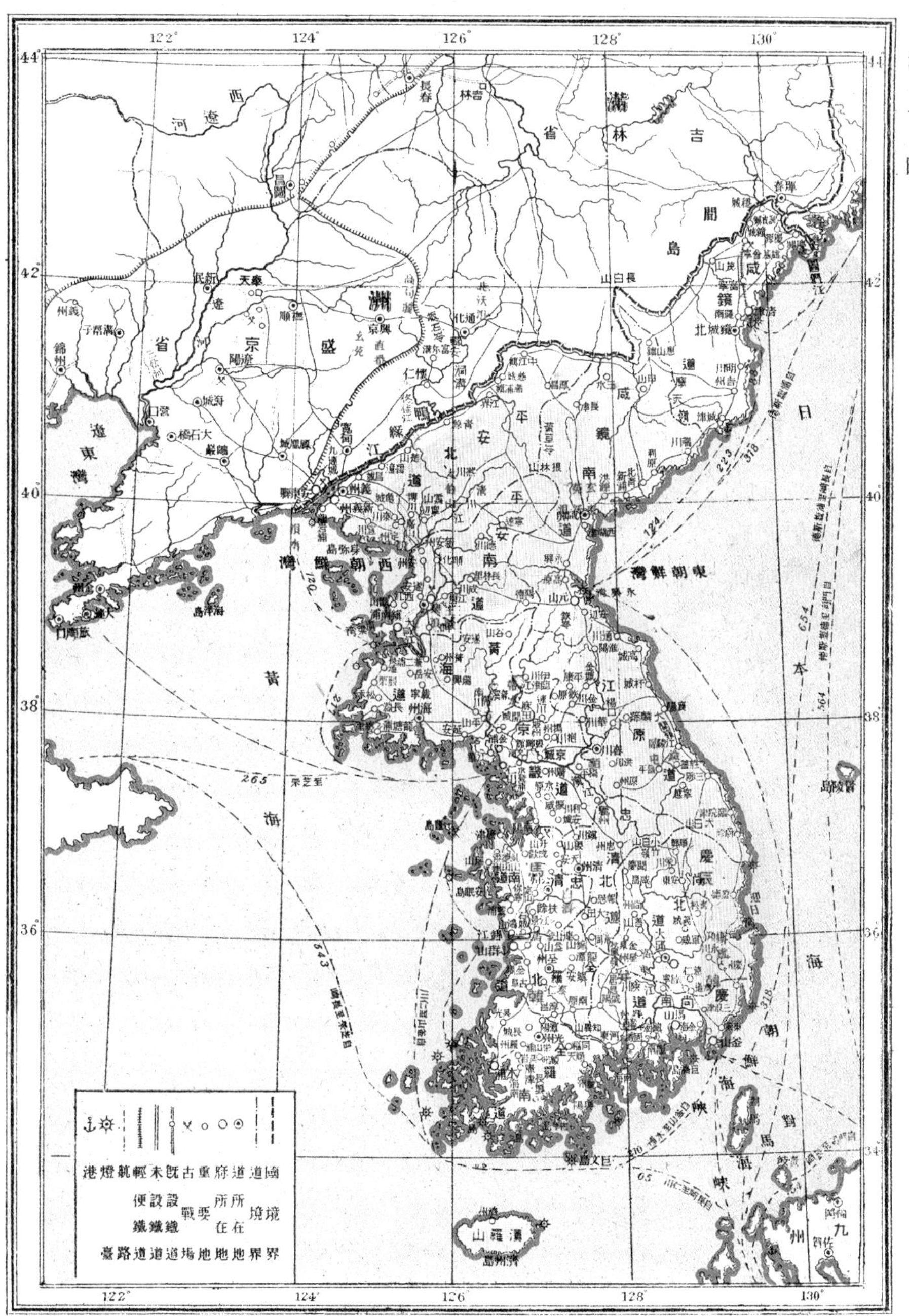

國境
道界
道府所在地
重要所在地
古戰場
既設鐵道
未設鐵道
輕便鐵路
航路
燈臺
港
滿洲
吉林省
盛京省
間島
咸鏡北道
咸鏡南道
平安北道
平安南道
黃海道
京畿道
江原道
忠清北道
忠清南道
慶尚北道
慶尚南道
全羅北道
全羅南道
遼東灣
西朝鮮灣
東朝鮮灣
黃海
日本海
朝鮮海峽
對馬海峽
濟州島
漢羅山
鬱陵島
長白山
鴨綠江
京城

三國時代圖

第二圖

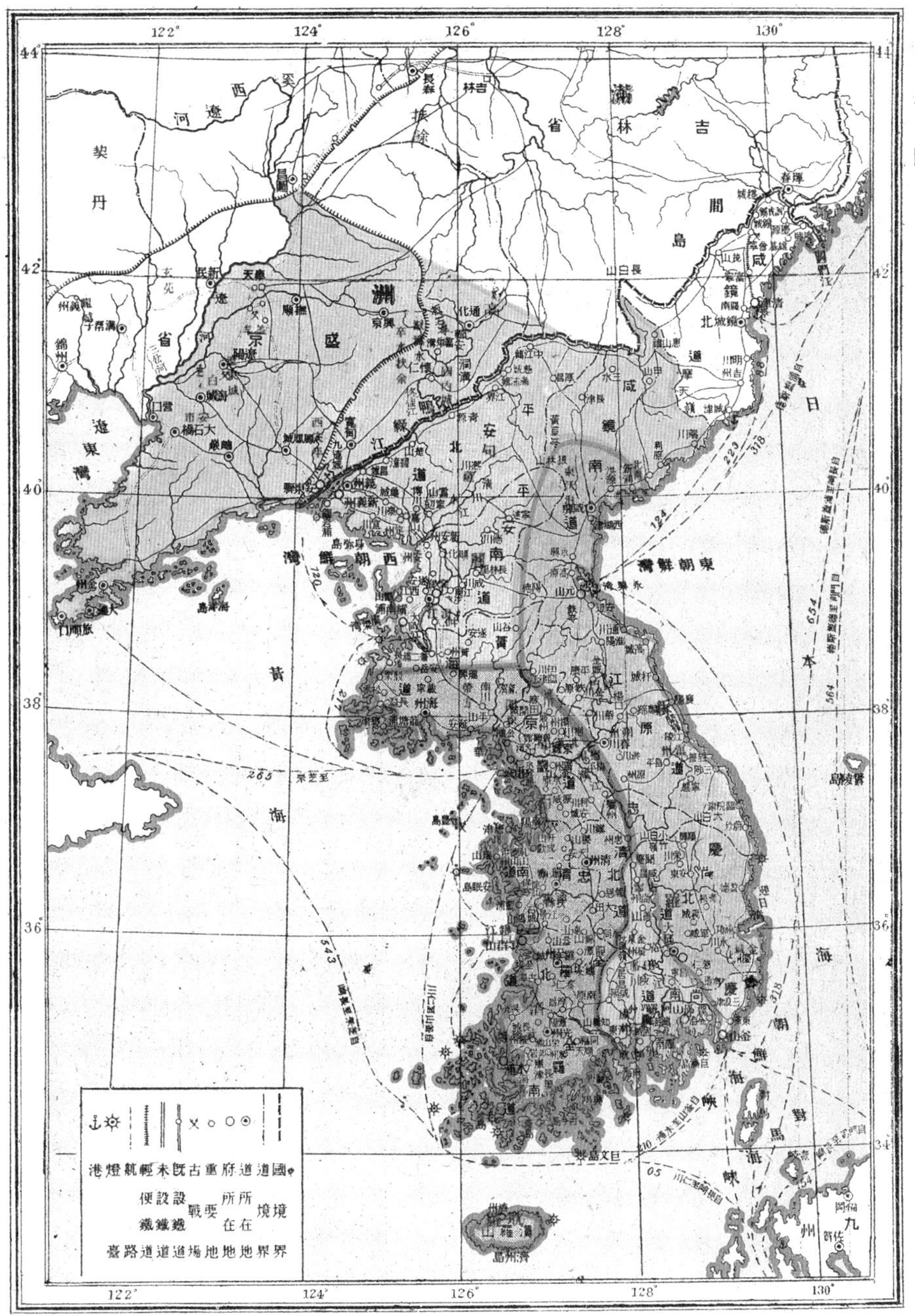

122°
124°
126°
128°
130°
44°
42°
40°
38°
36°
34°
契丹
遼河
吉林省
間島
長白山
滿洲
盛京省
遼東灣
平安北道
平安南道
咸鏡南道
咸鏡北道
黃海道
江原道
京畿道
忠淸北道
忠淸南道
慶尙北道
慶尙南道
全羅北道
全羅南道
西朝鮮灣
東朝鮮灣
黃海
日本海
朝鮮海峽
對馬海峽
對馬
鬱陵島
巨文島
濟州島
漢拏山
九州
國境界
道境界
道所在地
府所在地
重要地
古戰場
既設鐵道
未設鐵道
輕便鐵道
航路
燈臺
港

高麗時代圖

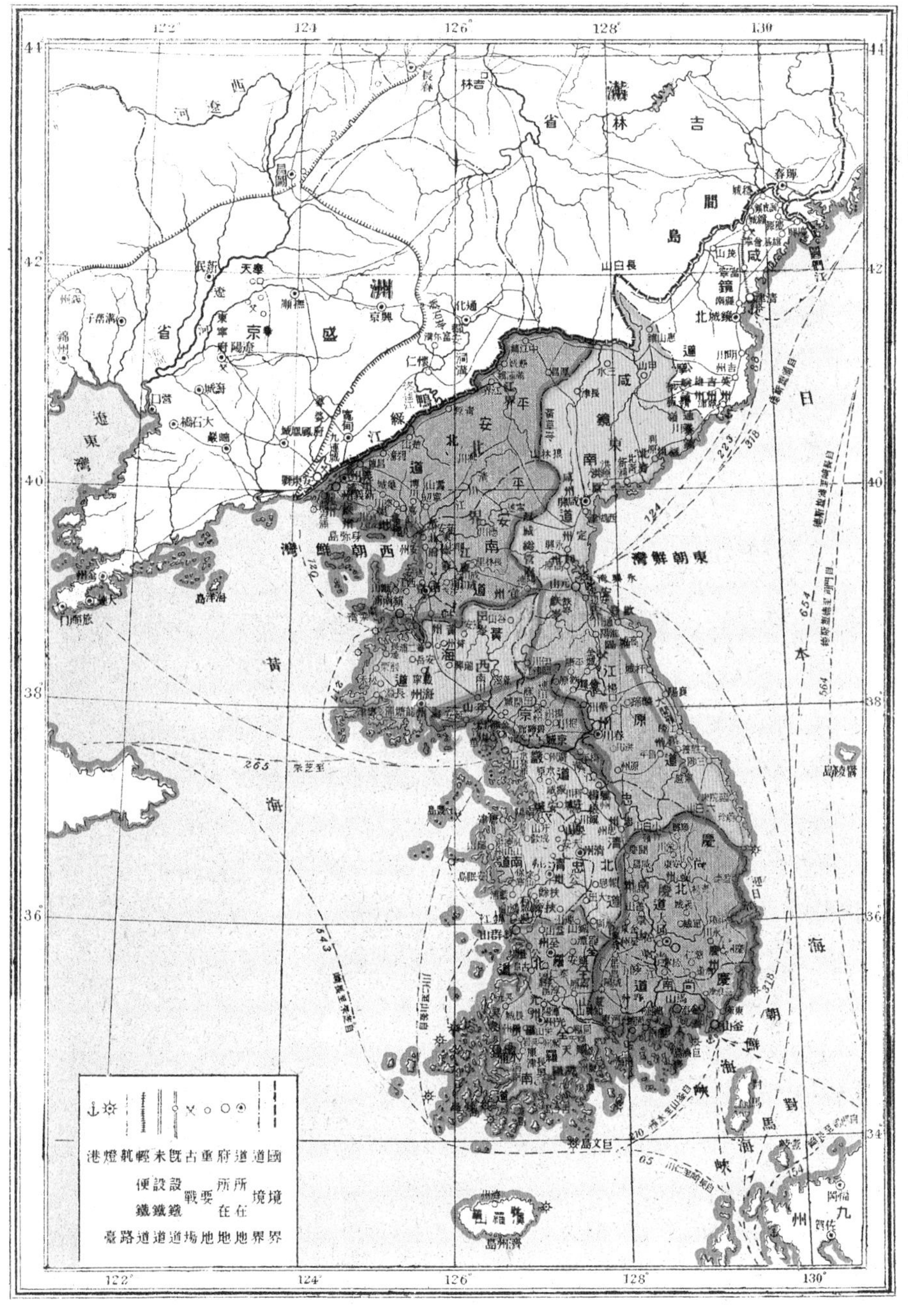

122°
124
126°
128°
130
44
42
40
38
36
34
西遼河
吉林省
滿洲
盛京省
間島
長白山
長春
吉林
奉天
新民
營口
大石橋
鴨綠江
遼東灣
旅順
大連
平安北道
平安南道
咸鏡北道
咸鏡南道
黃海道
京畿道
江原道
忠清北道
忠清南道
全羅北道
全羅南道
慶尙北道
慶尙南道
西朝鮮灣
東朝鮮灣
黃海
日本海
朝鮮海峽
對馬海峽
對馬
鬱陵島
巨文島
濟州島
九州
國境界
道境界
道所在地
府所在地
重要地
古戰場
既設鐵道
未設鐵道
輕便鐵路
航路
燈臺
港

朝鮮現代圖

第四圖

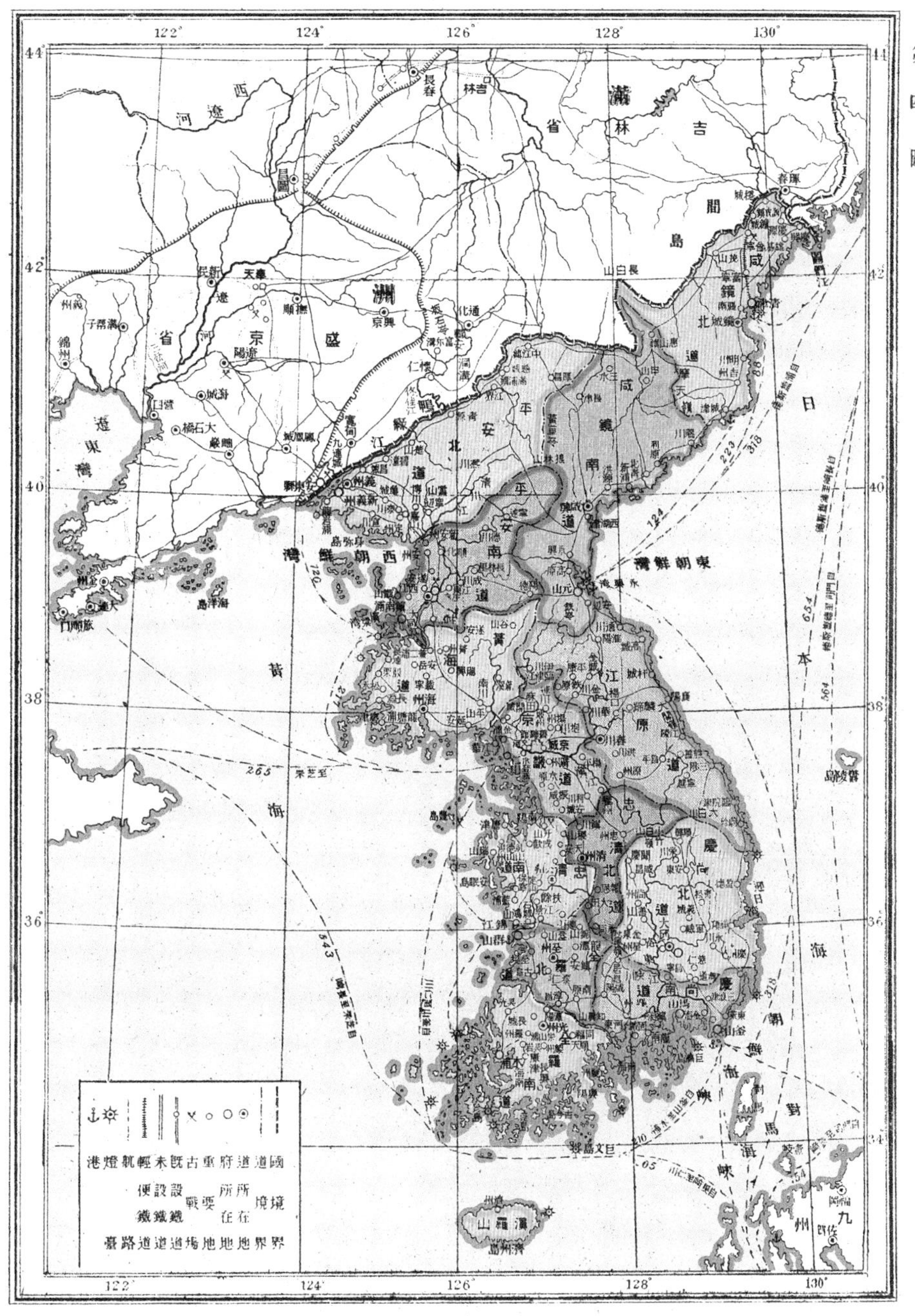

第一・二・三・四図は、林泰輔『朝鮮通史』（1944年4月刊。進光社。愛知県岡崎市）より。

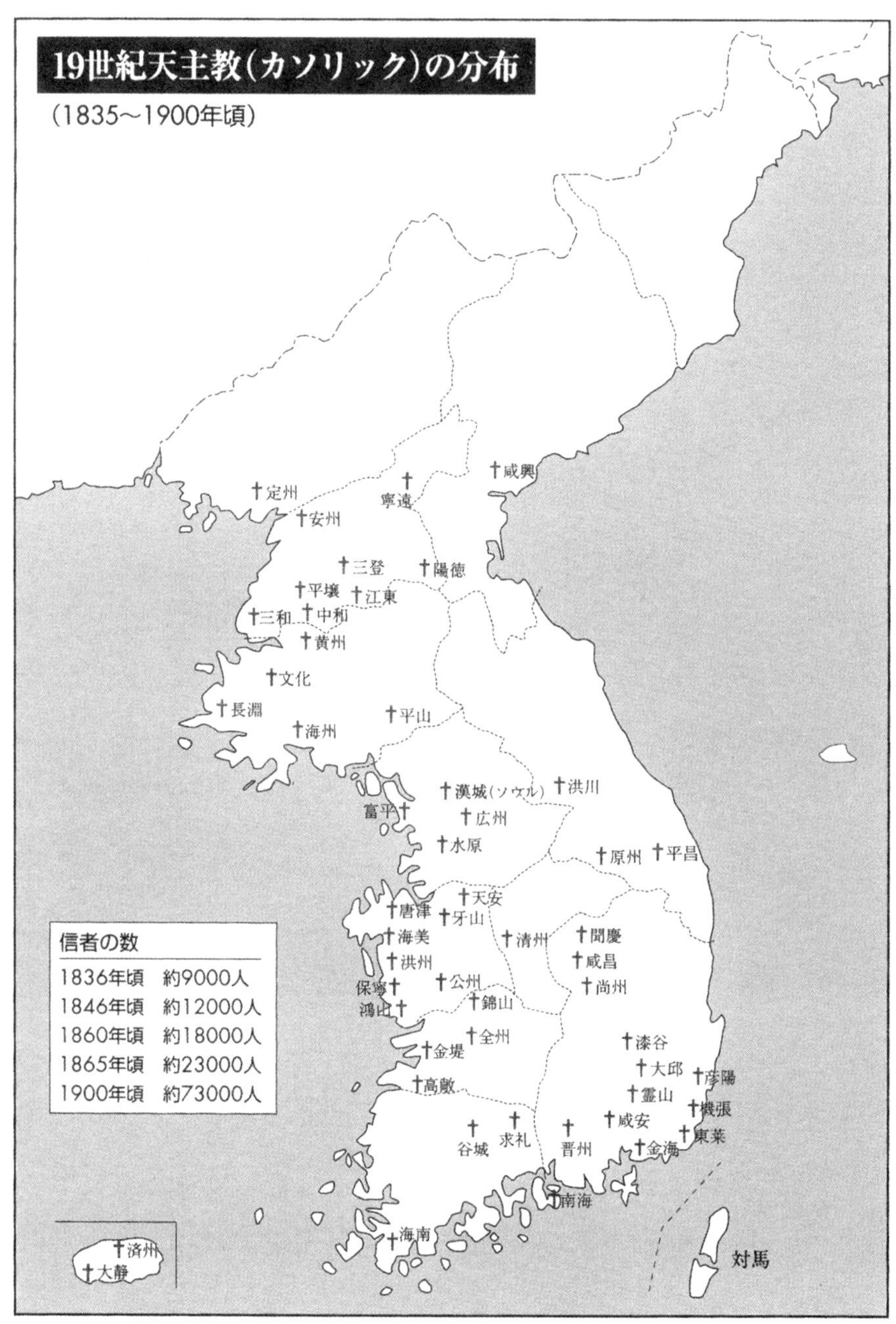

この時期の朝鮮における天主教（カソリック）の教勢。「近代国家」を目指していた日本は、欧米列強との約束事項であった「信教の自由」を認めた。カソリックの聖堂は安重根らの信者にとって、日本の弾圧から逃がれる避難所にもなった。
『朝鮮王朝史（下）』（李成茂。日本評論社、2006年）

目次

安重根揮毫（遺墨）と同志たち

安重根は伊藤博文を狙撃した後、旅順監獄に収監されることおよそ五か月。この間、二百幅に及ぶ揮毫を書き、自らの自叙伝「安応七歴史」や「東洋平和論」などを著した。

国家安危労心焦思

国家の安危に心を労し、思いを焦す

言語無非菩薩 手段挙皆虎狼

言語は菩薩にあらざるなければ、やることは挙げて皆虎狼

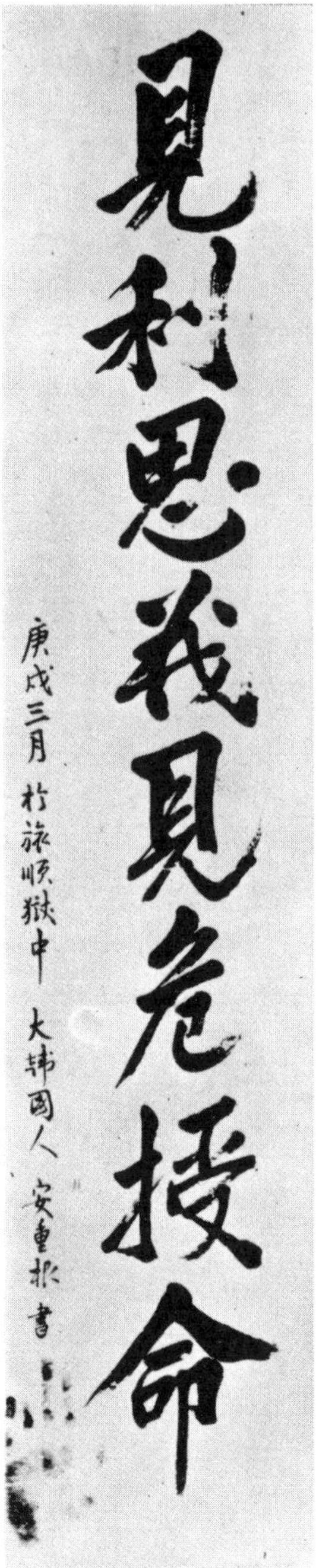

見利思義見危授命

利を見ては義を思い、危殆（危険）を見ては命を捧げよ

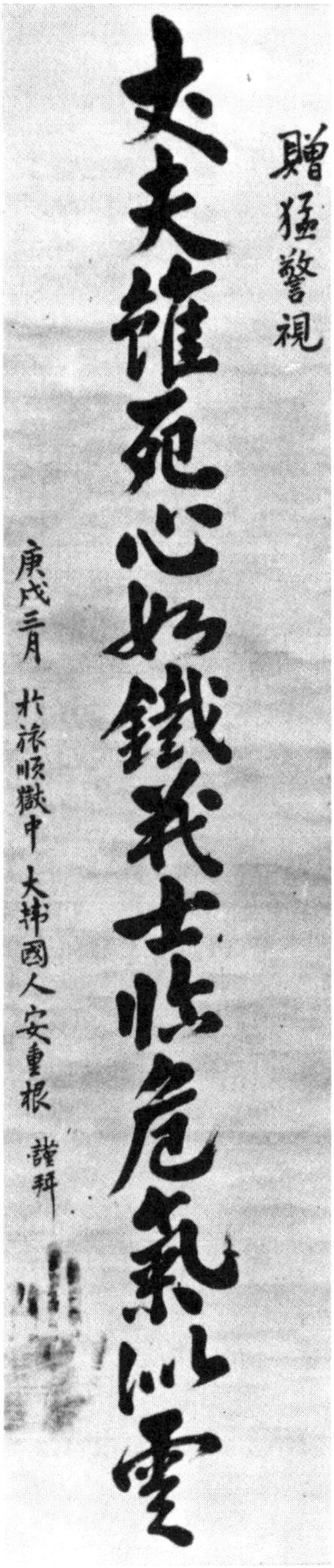

丈夫雖死心如鉄　義士臨危気似雲

丈夫（ますらお）は死しても心は鉄のようであり、義士は危機に臨んでも気は雲のように自由である

黄金百万而不如一教子

黄金百万なるも、息子を一人教えるに如（し）かず

一日不読書口中生荊棘

一日でも読書せずんば、口中に荊棘（とげ）が生じる

百忍堂中有泰和

百回も忍ぶ堂（いえ）の中にこそ、泰平と和がある

博学於文約之以礼

（君子は）文を博く学び、礼をもって要約せよ

弱肉強食風塵時代

（現今は）弱肉強食風塵の時代

東洋大勢思杳玄　有志男児豈安眠　和局未成猶慷慨　政略不改真可憐

東洋の大勢を思うと杳として玄く、志のある男児はどうして安らかに眠れよう。平和な時局はいまだ成らずしてなお慷慨し、政略を改めないことは真に憐むべし

釼山刀水惨雲難息

釼（剣）山と刀水、惨雲息み難し

為国献身軍人本分

国のために身を献ずるは軍人の本分

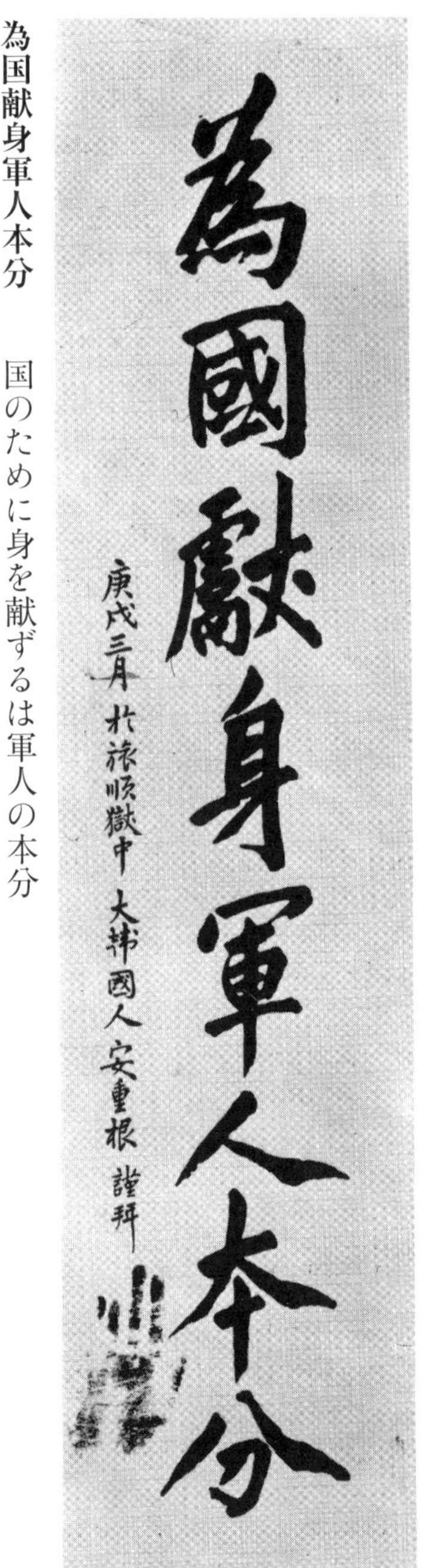

白日莫虚渡　青春不再来

白日（歳月）を虚しく過すことなかれ、青春は再び来たらず

喫蔬飲水楽在其中

蔬（野菜）を喫し水を飲む、楽しみはその中にあり

日出露消兮　正合運理　日盈必昃兮　不覚其兆

日出（いず）ると露の消えるのは運理にかない、日が盈（み）つれば必ず昃（かた）むくが、その兆しを覚えず

人無遠慮難成大業

人は遠くを思わざれば、大業成し難し

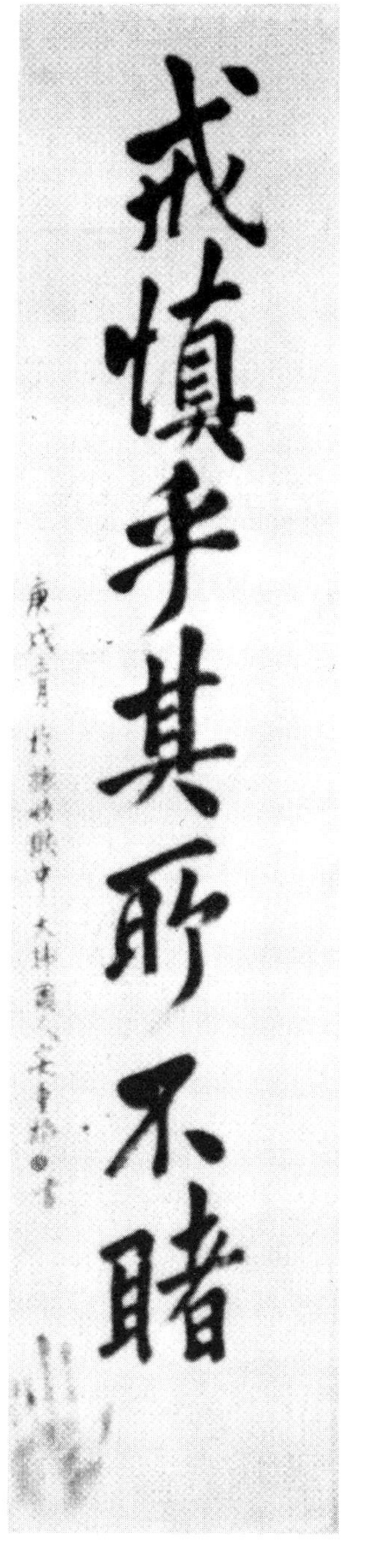

戒慎乎其所不睹

（誰も）見ていない所でこそ慎むべし

庸工難用連抱奇材

凡庸な大工は一抱えもある奇材を用い難し

歳寒然後知松栢之不彫

歳寒くして、然る後に松栢の萎(しお)れざるを知る

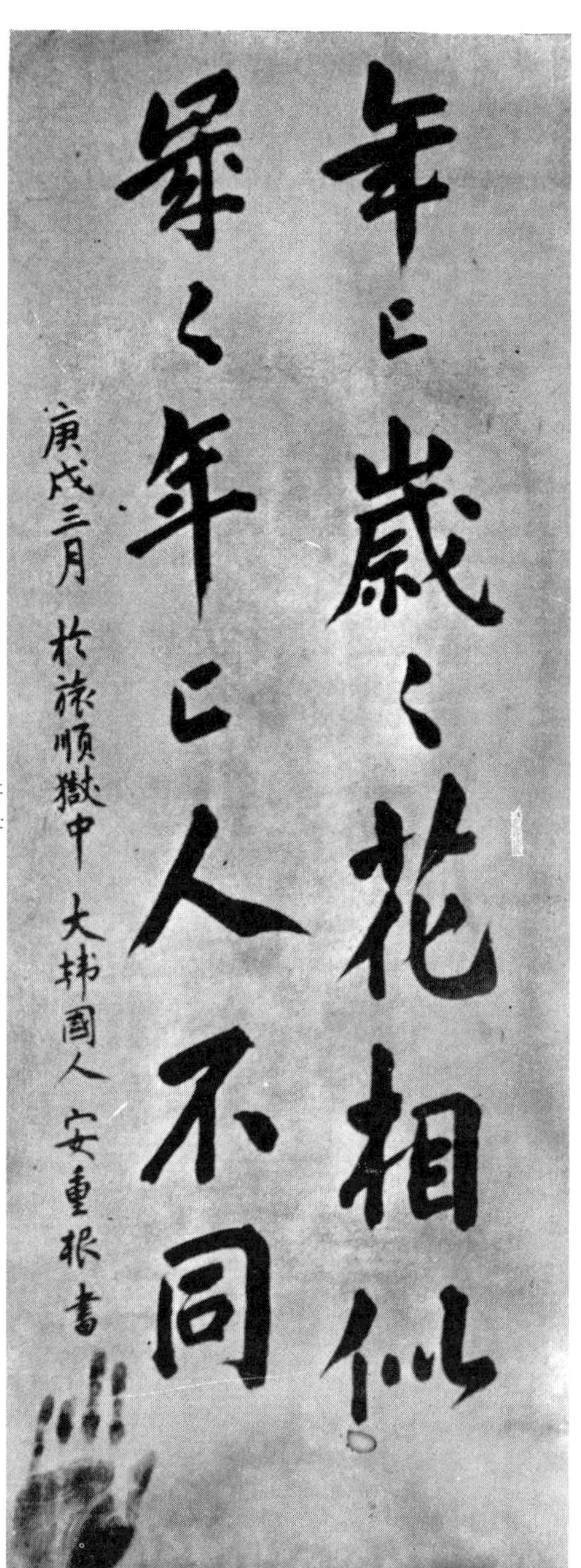

年年歳歳花相似　歳歳年年人不同

年々歳々花は相似(にた)ものが咲くが、歳々年々人は同じではない

恥悪衣悪食者不足与議

粗末な衣服や食べものを恥じる者は、ともに道を語ることができない

貧而無諂富而無驕

貧しくても諂らうことなく、富んでも驕らない

五老峯為筆　三湘作硯池　晴天一丈紙　写我腹中詩

五老峰（中国江西省廬山の東南の峰）を筆と為し、三湘（中国湘江流域）を硯の池となす。青天を一丈の紙として、我腹中の詩を写す

臥病人事絶　嗟君萬里行　河橋不相送　江樹遠含情

（小生は）病に臥して人事を絶ち、あゝ君は万里の旅路に発つ、橋のたもとに相送ること能わず、江樹遠くに情を思う

思君千里 望眼欲穿 以表寸誠 幸勿負情

千里の（彼方の）君を思うと、（君を）望む眼を穿たんと欲す、もって少しの誠を表す、幸いにしてその情に負ことなきを

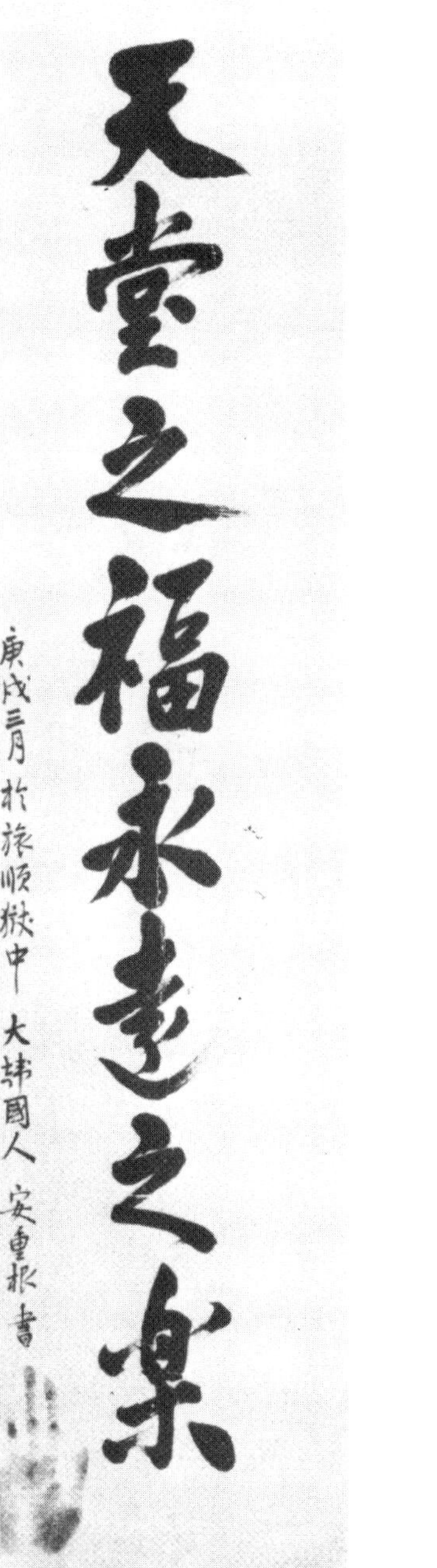

天堂之福永遠之楽

天堂（天国）の福は永遠の楽しみ

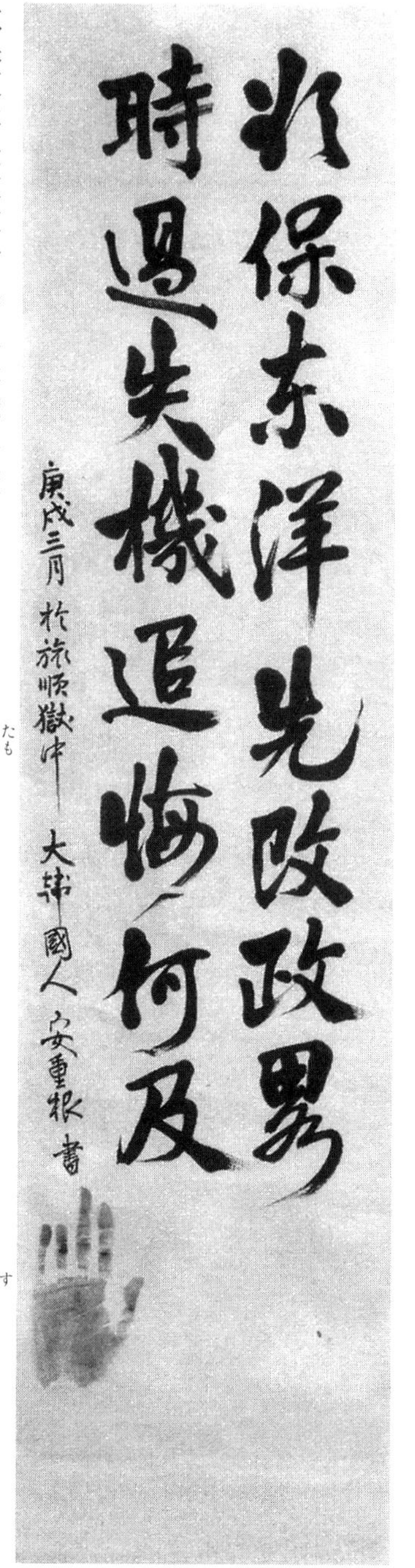

欲保東洋先改政略　時過失機追悔何及

東洋を保(たも)とうとすれば先ず政略を改め、時過(す)ぎて機を失えば後悔してもなんになろう

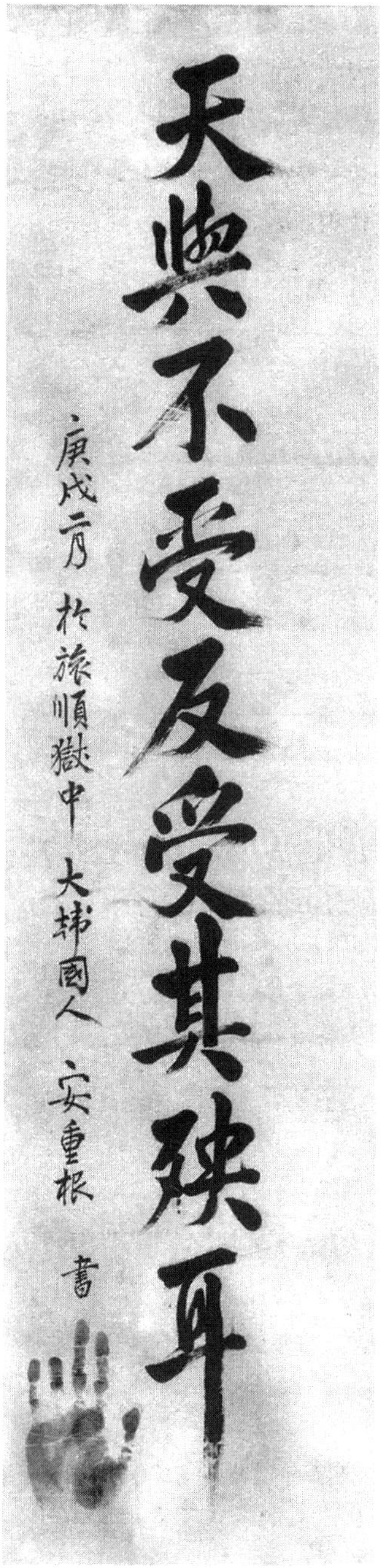

天与不受反受其殃耳

天が与えるものを受け取らなければ、かえってその罰を受ける

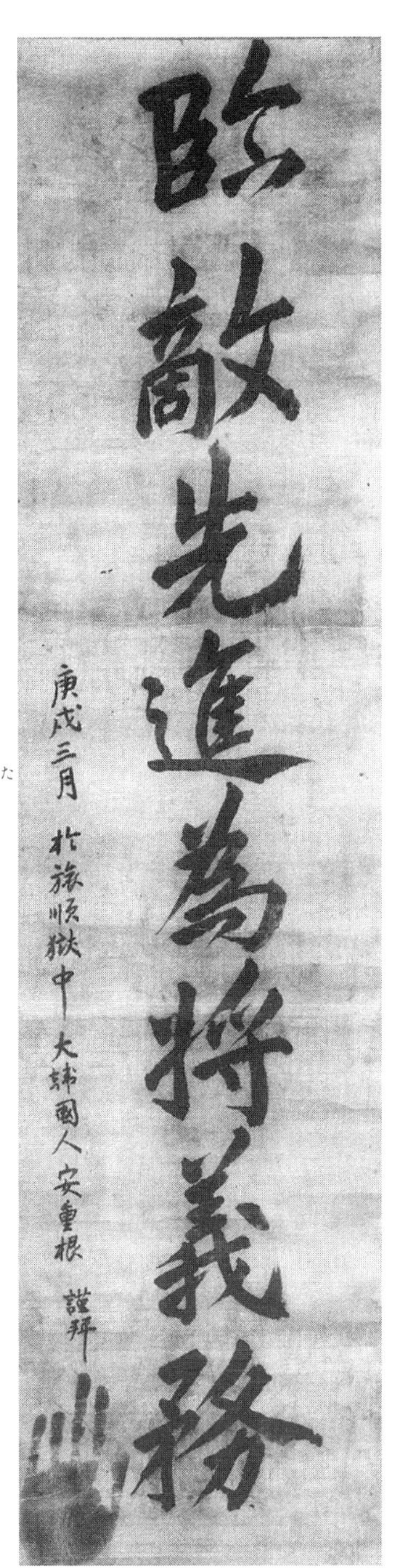

臨敵先進為将義務

敵に臨んで先ず進むのが将為るの義務

言忠信行篤敬蛮邦可行

言に忠信があり、行いが篤敬であれば、(たとえ)野蛮な国でも通用する

貧与賤人之所悪者也

貧しさと賤しさは人の悪（にく）むところの者なり

志士仁人殺身成仁

志士仁人は身を殺して仁を成す

人類社会代表重任

人類社会の代表は任重し

不仁者不可以久処約

不仁者は久しく貧困（約）に耐えられない

敏而好学不恥不問

敏にして好学は下の者に問うを恥ず

通情明白光照世界

情に通じること明白なれば光は世界を照らす

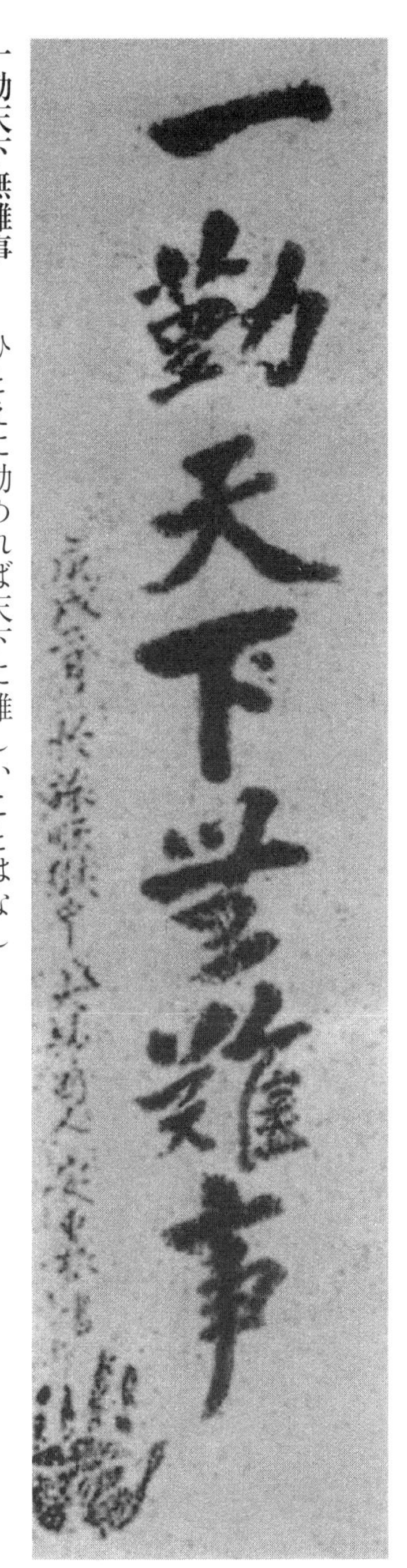

一勤天下無難事

ひとえに勤めれば天下に難しいことはなし

山不高而秀麗　地不広而平坦　水不深而澄清　林不大而茂盛

山高からずして秀麗、地広からずして平坦、水深からずして澄清、林大（ひろ）からずして茂（しげ）る

臨水羨魚不如退結網

水に臨んで魚に羨やむは退きて網を結ぶに如かず

澹泊明志寧静致遠

淡白な明るい志が寧静（安らか）に遠くを致す（遠くに及ぶ）

謀事在人成事在天

事を謀るは人に在って、事を成すは天に在る

謀事在人成事在天

庚戌二月 於旅順獄中 大韓國人 安重根書

長歎一声 先弔日本

長歎の一声は、先ず日本を弔らうことだ

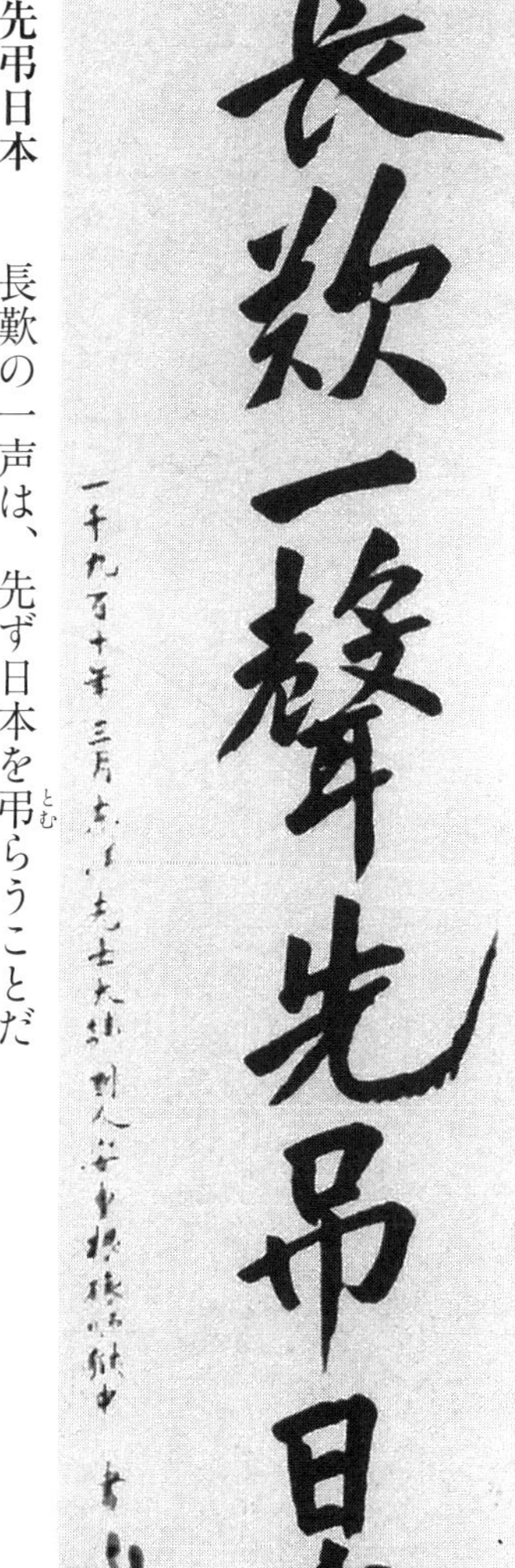

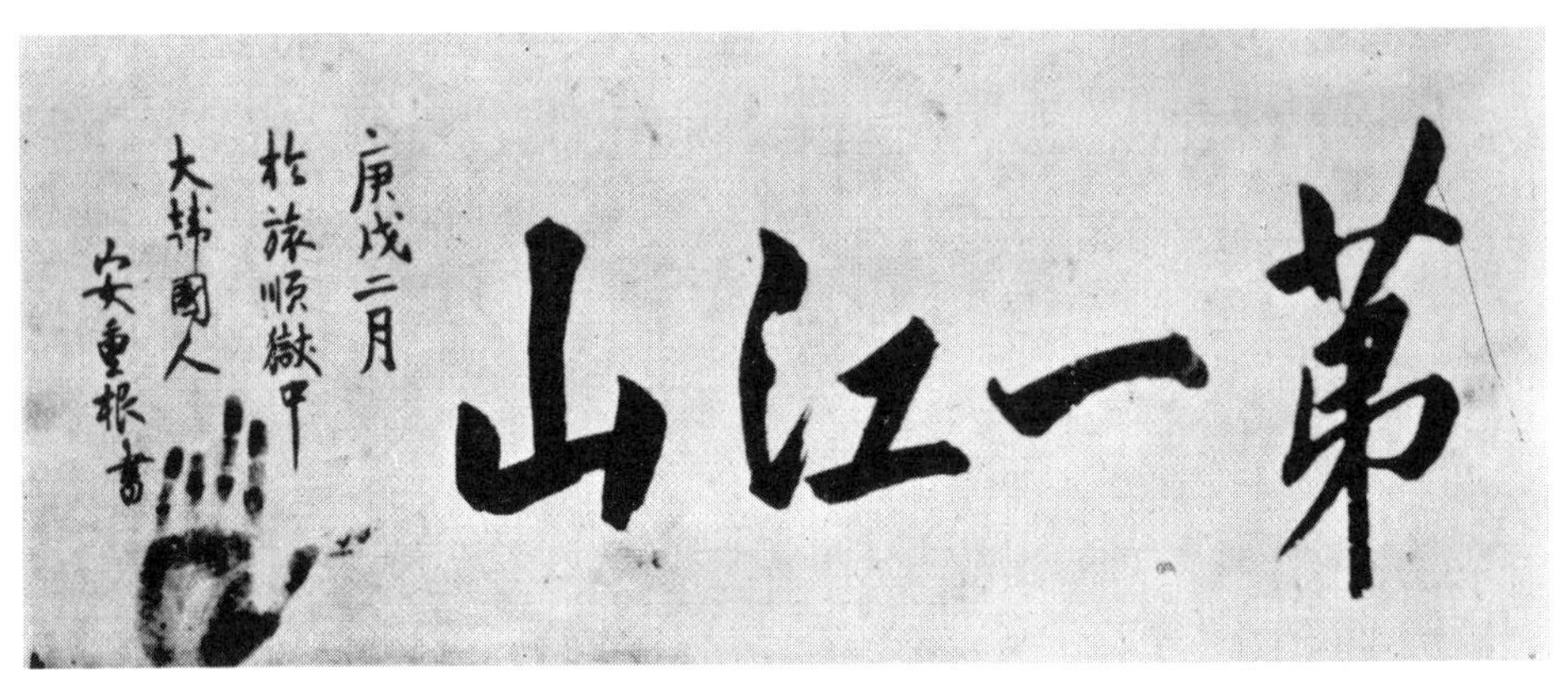

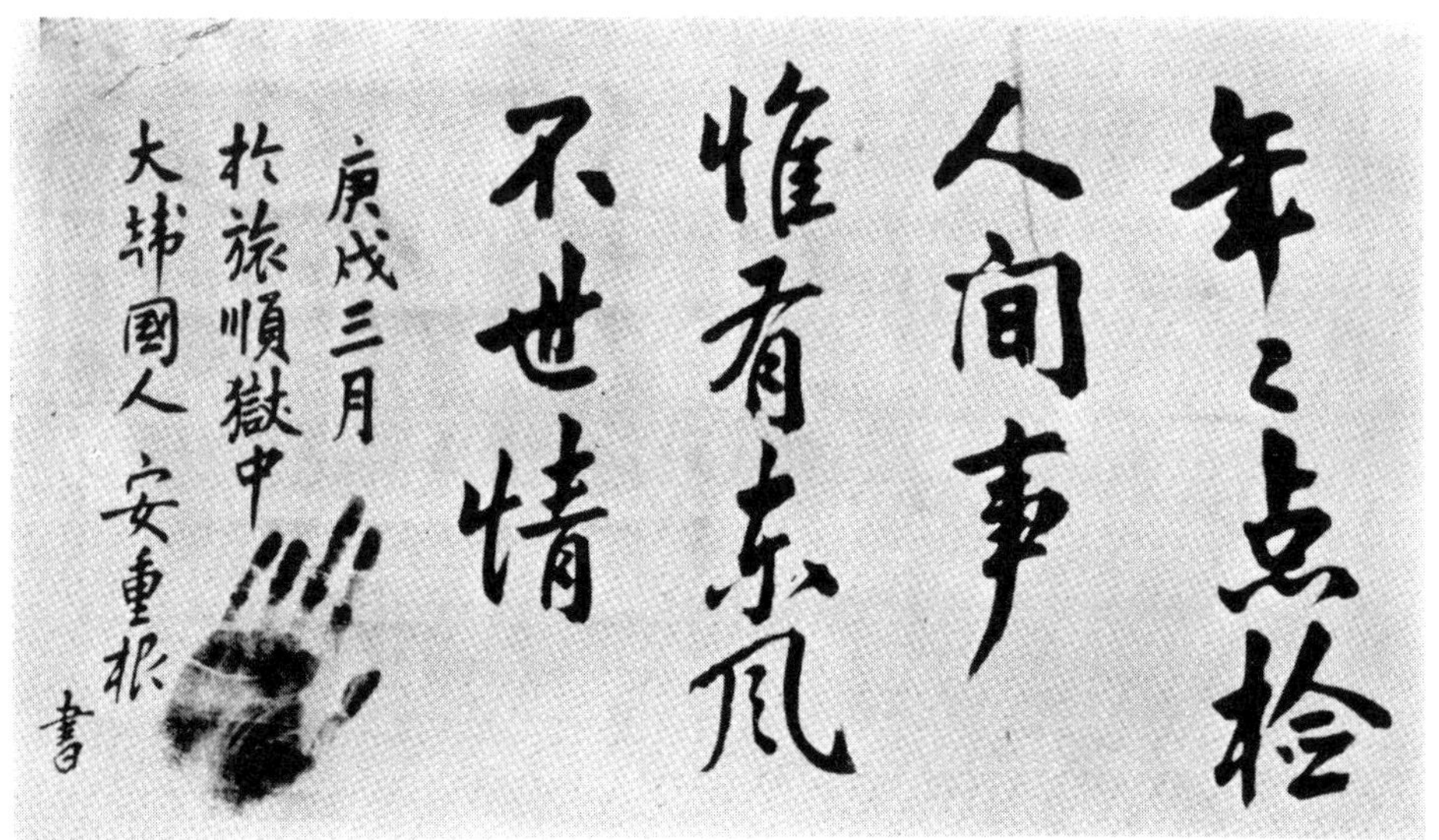

年々点検人間事、惟有東風不世情　年々社会の事を点検すると、たゞ東風だけが世情と違う

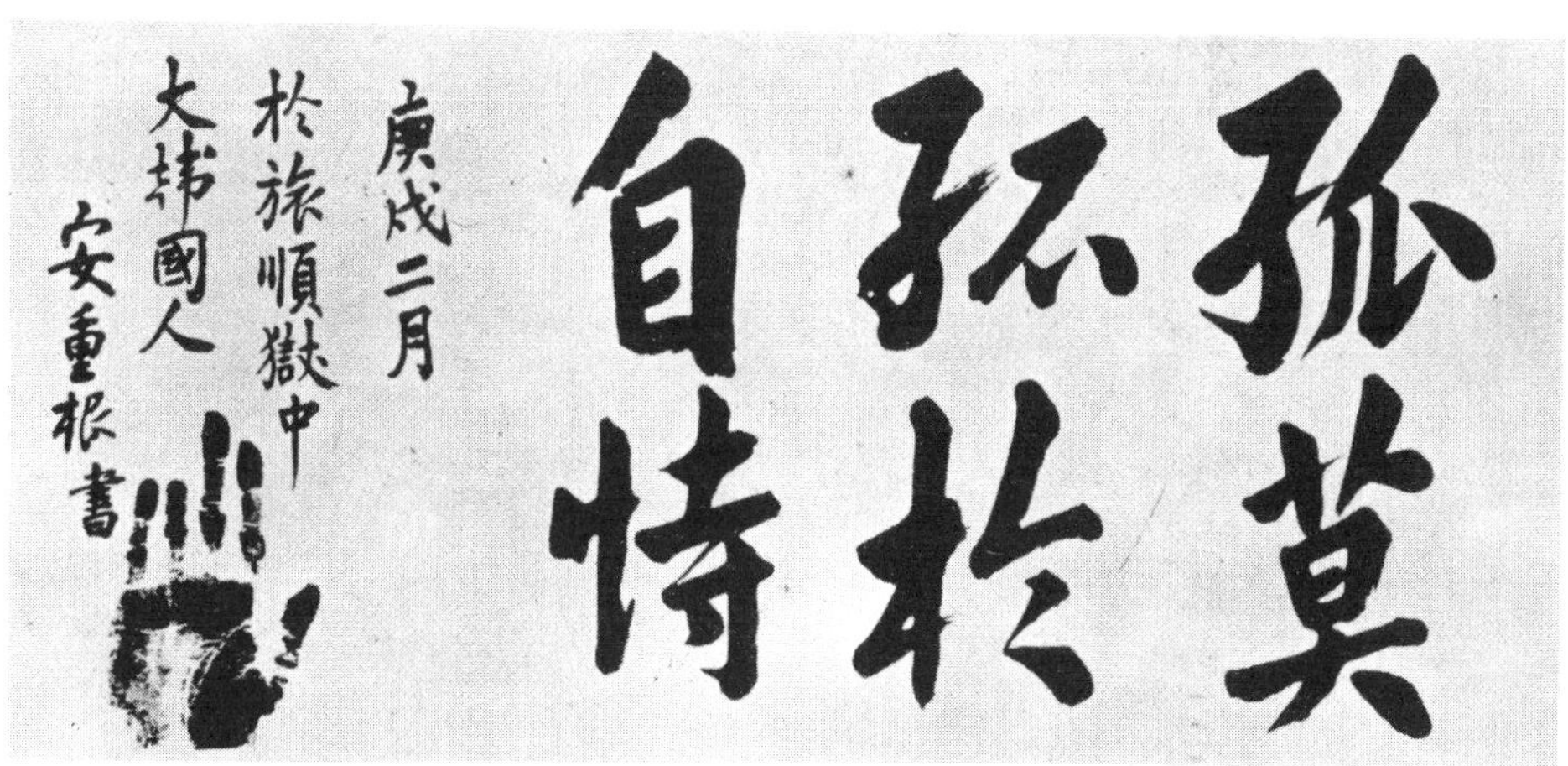

孤莫孤於自恃　孤は自ら恃むより孤なるはなし

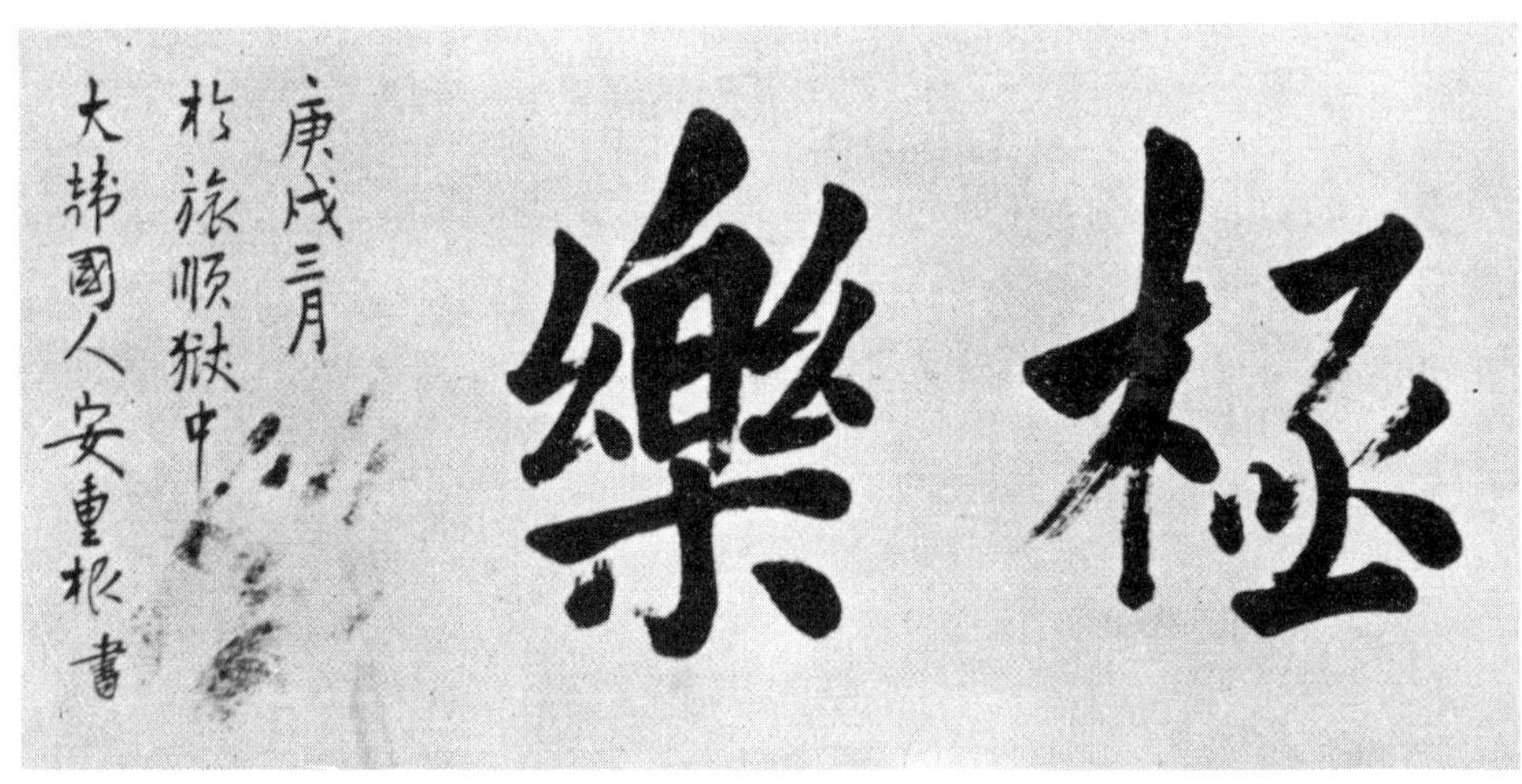

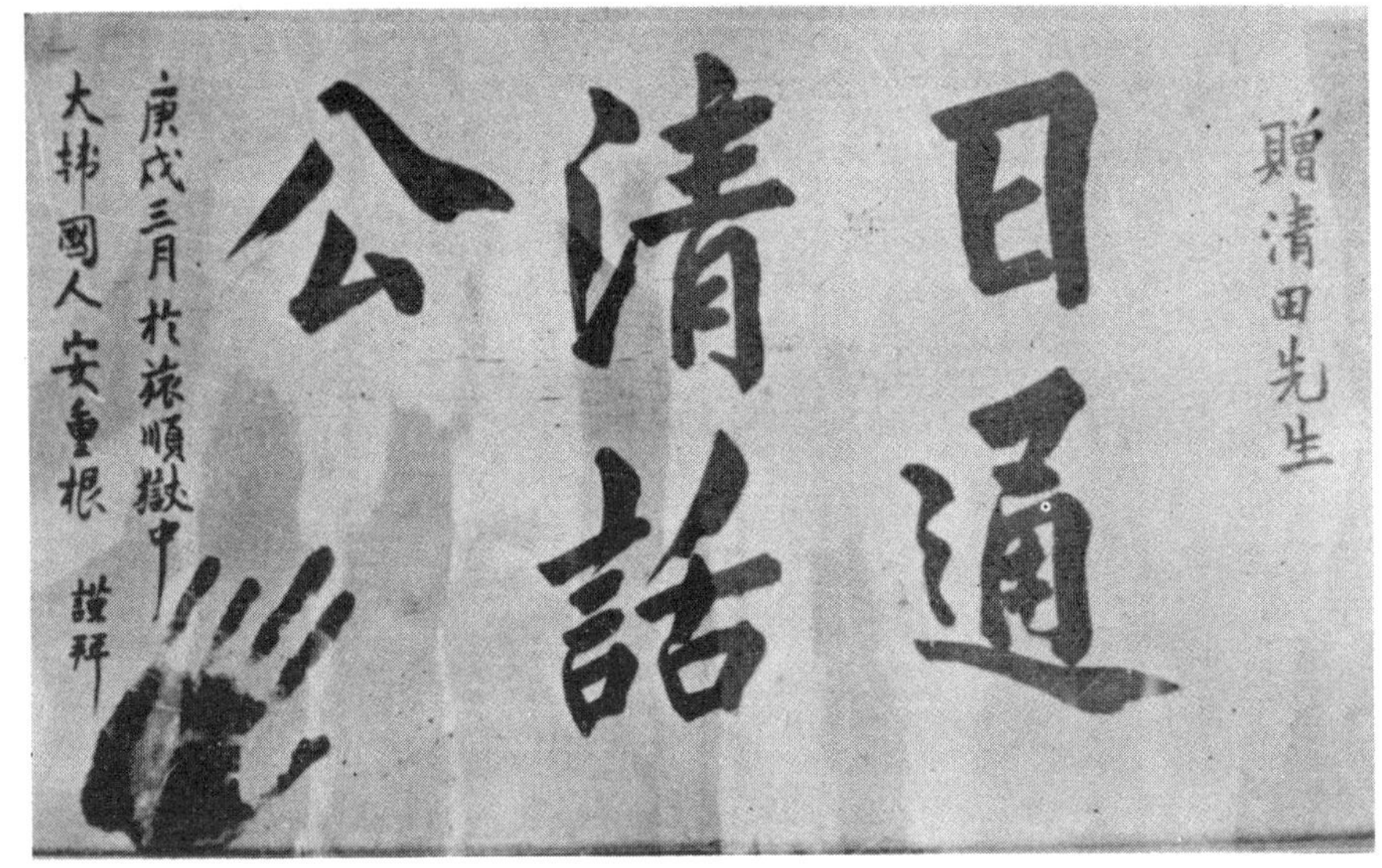

清（中国）語が話せる、日本の通訳（清田先生）

青草塘は岳州にある有名な湖

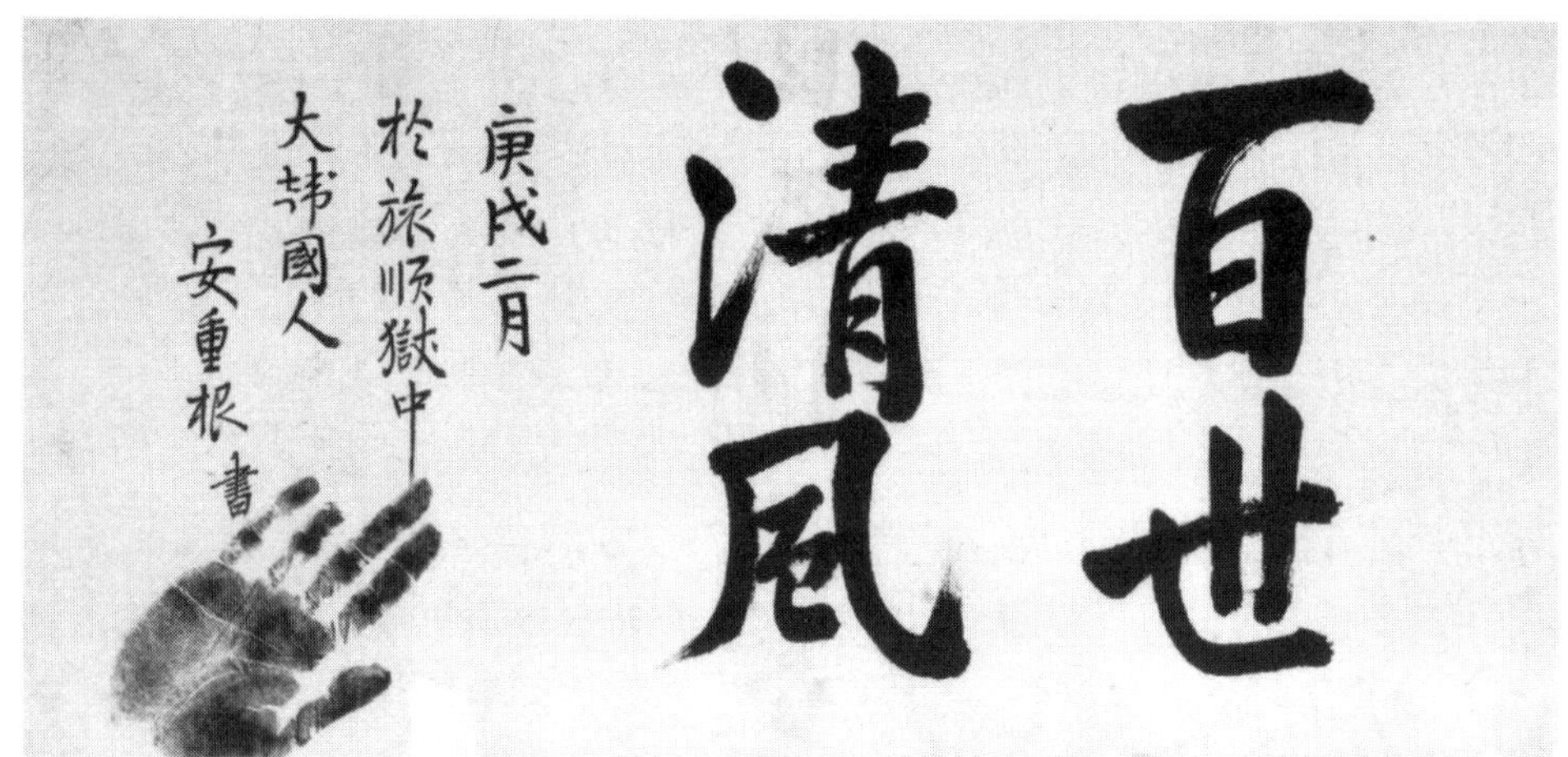

黄海南道海州在の碑文。人のもの盗まず、正しく清らかな風土を作れば、百代安心

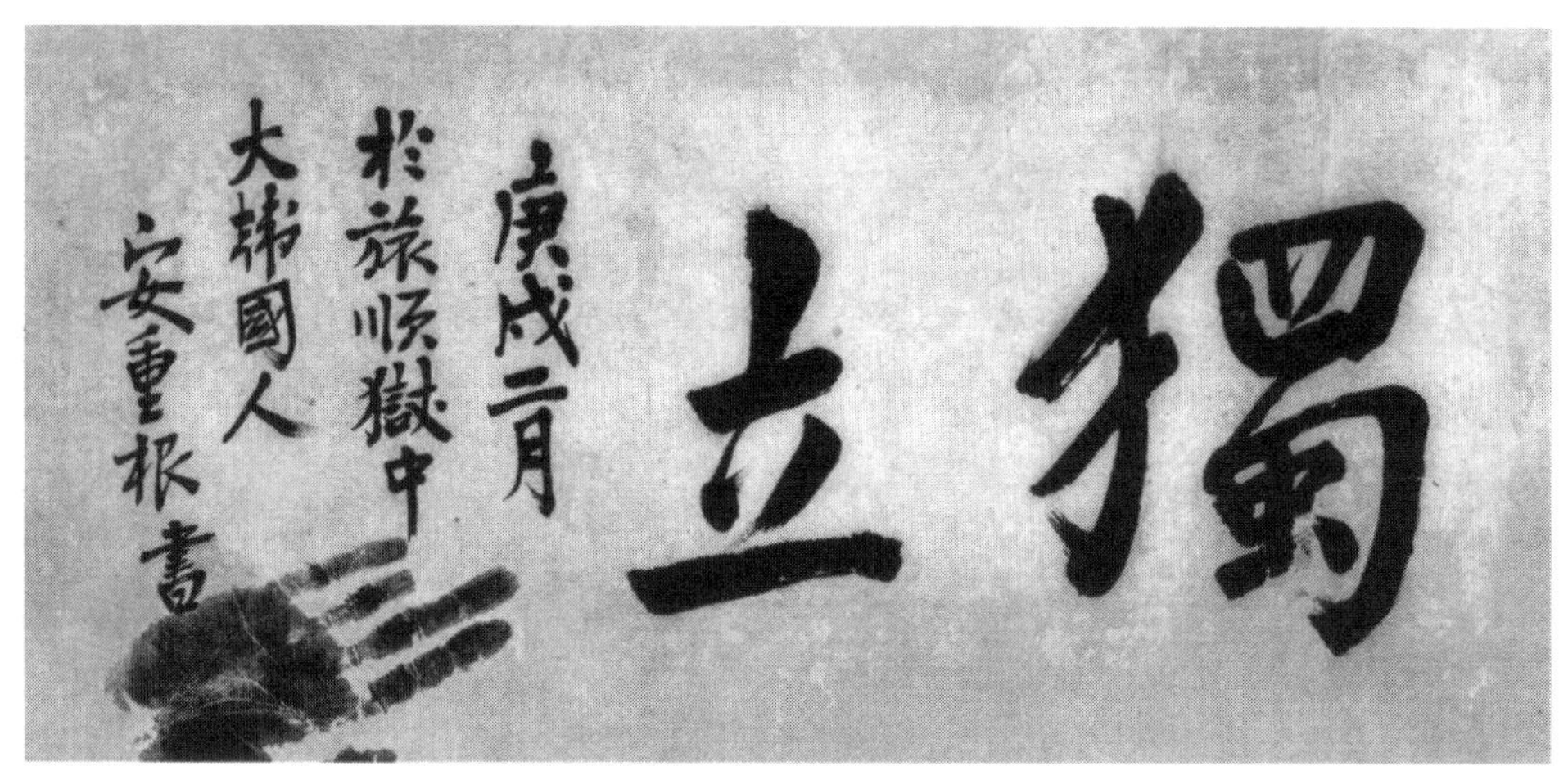

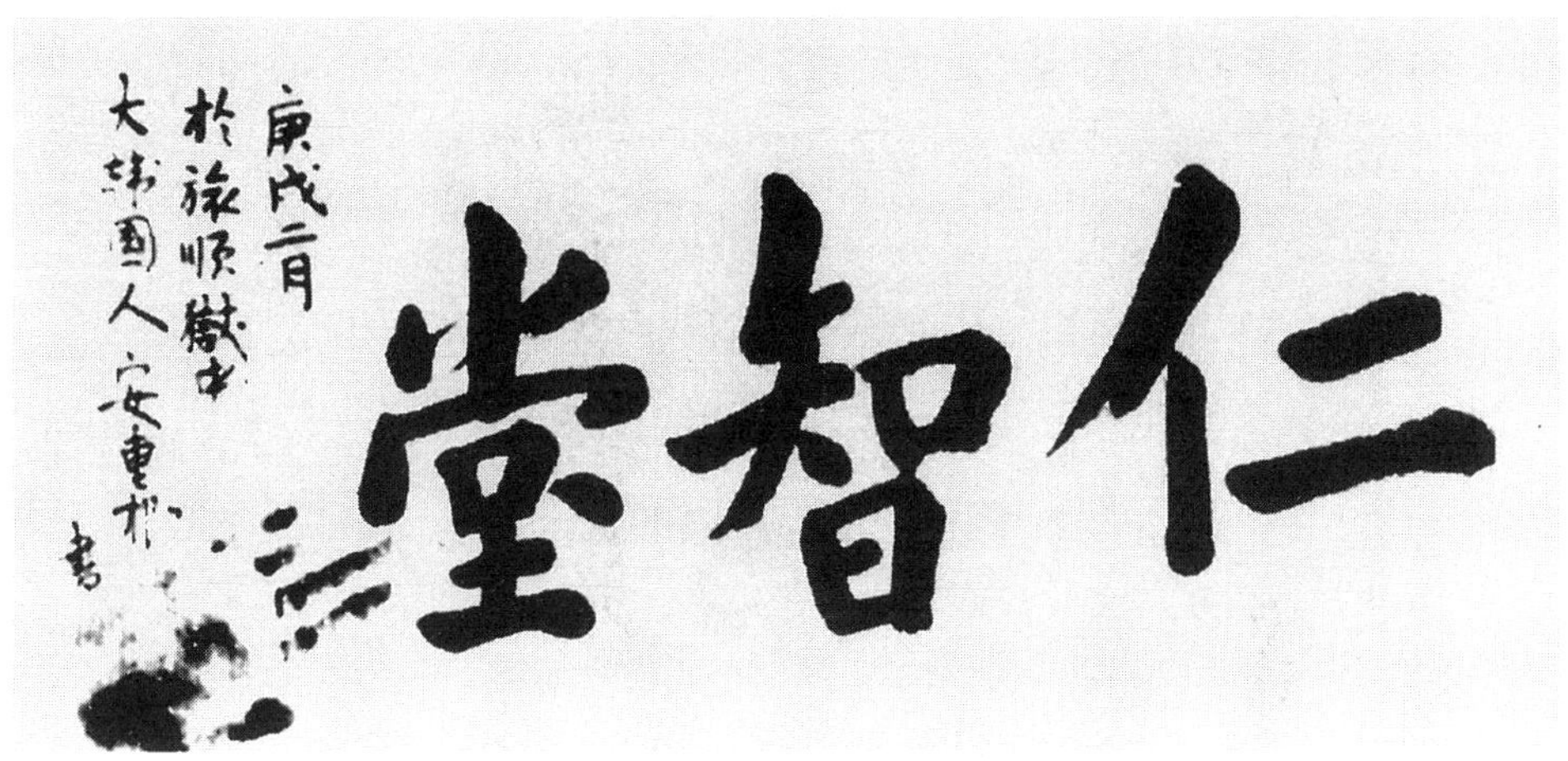

仁と智の堂（家）

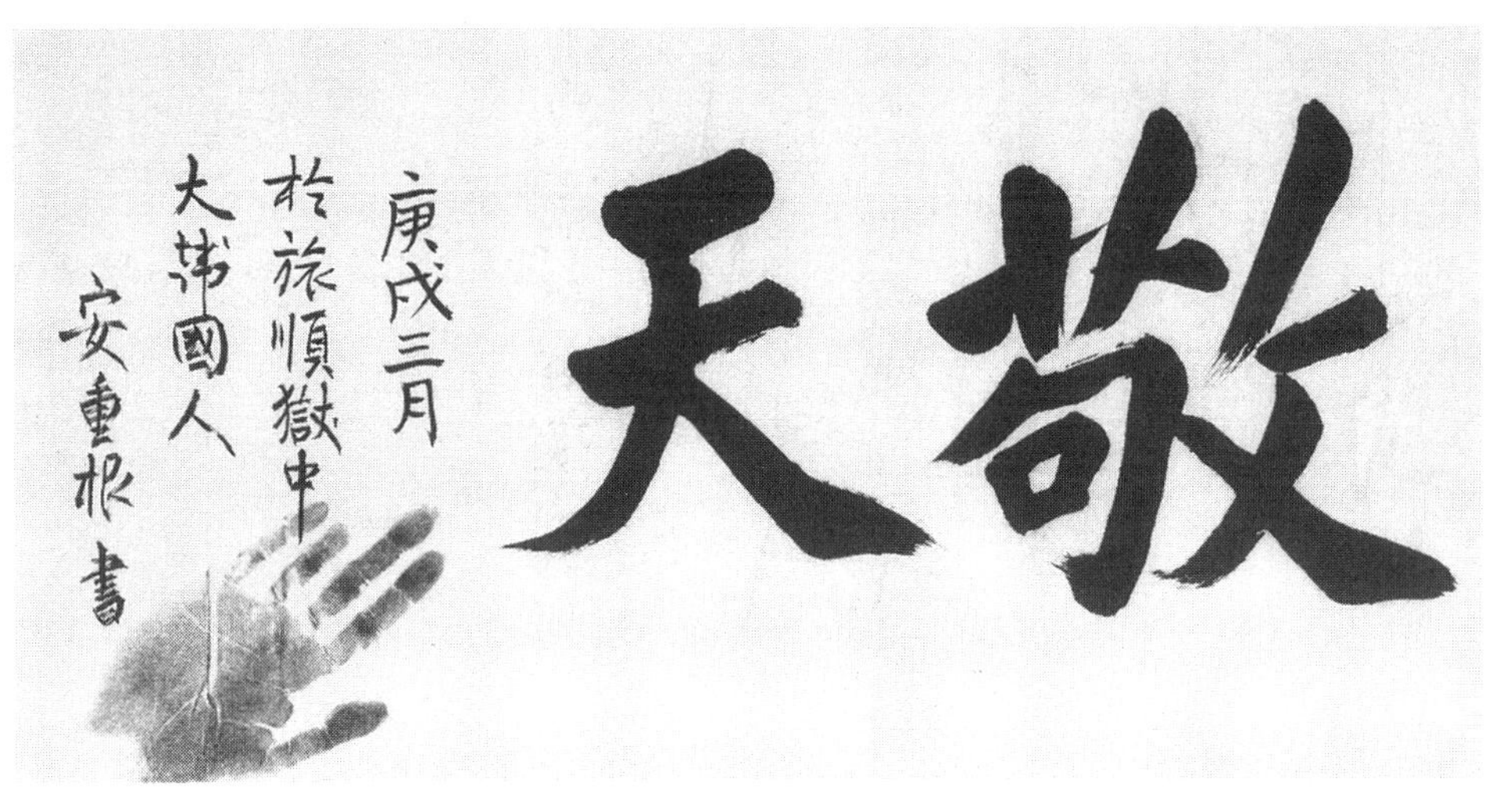

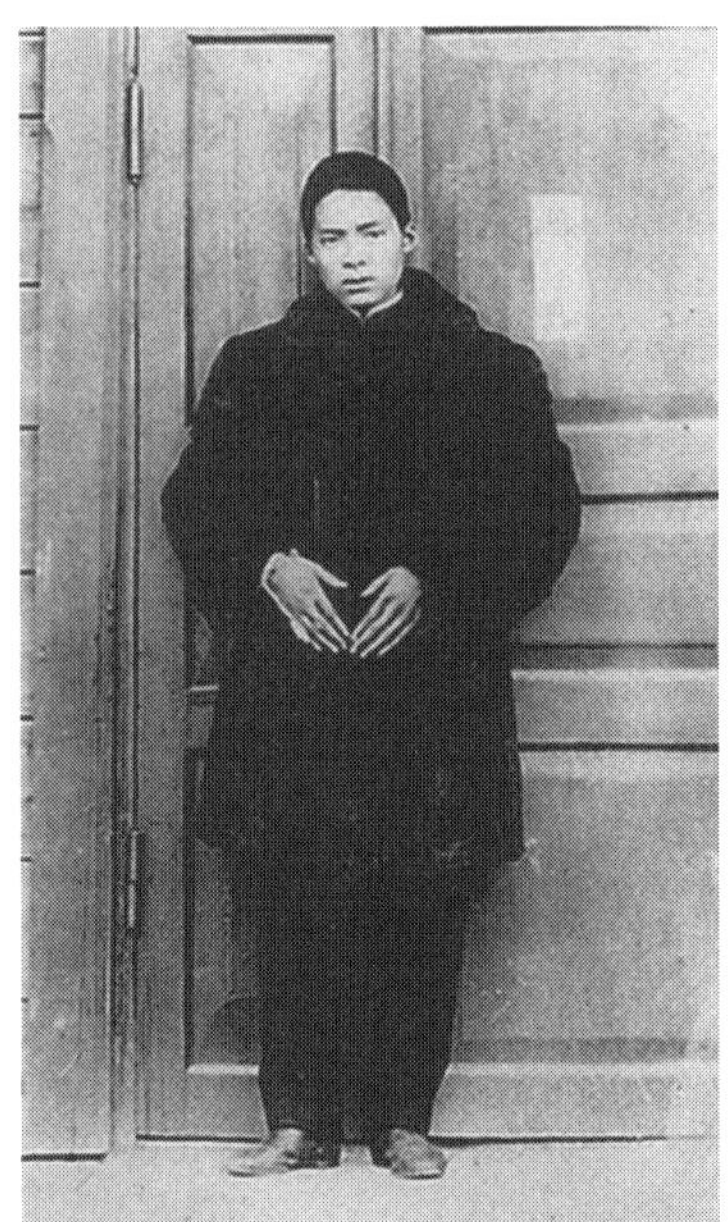

劉東夏

安重根

曺道先

禹徳淳

金成玉

卓公圭

金沢信

洪時濬

金衡在

張瑞雨

金成燁

鄭大鎬

方叙瞻

李珍玉

金麗水

張首明

『安重根』（翻訳文）

——岡井禮子

朴殷植（1859–1925）

朴殷植は安重根よりも20歳年かさであったが、新聞報道や公判などから知った安重根の人となりや気概に感服していたし、思想にも共感を寄せていた。そして、安重根を世界的な眼光を持った平和の代表者と見ていた。

緒言

昔、謝皐羽（しゃこうう）（一二四九〜九五。中国宋末元初の詩人。名は翶、字は皐羽。元軍が南宋の首都臨安を占領すると、文天祥の部隊の諮議参謀となる。文天祥が元軍に敗れ、その捕虜になって死んだとの知らせを聞き、厳州の子陵台、すなわち西台で祭祀を行い、楚歌を歌って彼のための招魂をしたが、そのときの歌詞がいとも哀れであったと言う）は、西台で文丞相（文天祥、一二三六〜八三。南宋末年の大臣。一二七八年、元の首都大都、今日の北京の監獄に三年間収監される。元のフビライが何度も投降を勧めたがこれを拒み、八三年に柴市口で殺害）の招魂をしたが、その血涙を搾るむせび泣きは千年たっても消え去ることはなかった。南雷（浙江省余姚県にある。黄梨州は、ここに続鈔堂を建て、「南雷文案」などを著したことにより、南雷先生と呼ばれる）に難を避けた黄梨州（一六一〇〜九五。黄宗羲とも言う。中国清初の思想家で史家。号は梨州。清軍の南侵の際、義兵を募って抗戦。清の康熙帝が高い地位を与えようとしたが、これを拒み、学問に没頭した。著作として『易学象数論』『明夷待訪録』『南雷文定』『宋元学案』『明儒学案』など）があるが、殉難者の事績を集めて何とか彼らの名を歴史にとどめようとした。天の理と人の情がそうさせたのであろう。私は、彼らのような目に遭（あ）ったことはないが、やはり同様の悲哀を抱いている。白髪の老人の身で異国に逃れさまよいながら故国を眺めれば、野に穀物はすたれ、愛する兄弟姉妹のうち、外国人に殺された者は年に数千、数万に達するかも知れない。

滔々（とうとう）たる黄海には恨みの血が遥か彼方から流れ、また正義感に溢れ、才能と識見のある優れた人

材は次から次へと捕えられている。考えれば考えるほど、身を切られる思いだ。

ああ天よ、西台で招魂し南雷で烈士らの遺骨を拾い集めるようなそんな思いを、どうしても抑えることができない。片ときたりとも頭から離れたことはないが、何せ東奔西走の身ゆえ、なかなか筆を執る暇（いとま）などなく、久しく忠義ある兄弟たちに背を向けていた。まるではるか大洋をかきわけ巨鯨を捕ったかのように、その名が全世界に響き、その光が古今を照らす安重根（アンジュングン）。彼は世界を轟（とどろ）かすその気魄、名声、威勢により、たとえ後世の人々が称えなくとも、永久に歴史に語り伝えられることであろう。私がこちら（上海）へ来てからというもの、官吏であれ、紳士、学生、農民、労働者であれ、私に安重根のことを尋ねない者はいなかった。韓国人として彼の歴史を伝えることができなければ、良心にもとるというものだ。そこで、冷たい隙間風の吹き込む旅館の一室の窓辺に座って筆を執り、本書を記して世の人々の期待に応えようと思う。

歴史にもとづいて安重根を評価するとき、ある人は身をもって国を救った志士といい、またある人は韓国のために復讐を遂げた熱烈な侠客という。しかし私は、それだけでは足りないと思う。安重根は世界的視野を持ち、自ら平和の代表をもって任じた人であるからだ。

世界的に見て、まとまった国土を持ち、アジアの中央に位置しながら、混沌たる国勢を収拾できる国といえば中国である。その中国と切っても切れない唇歯相依の関係（お互いが密接に関係をもつこと）があり、その存亡と繋がっている国が韓国である。これに対して日本は東海に浮かぶ島国だ。島国の人間の常として、彼らは海外に目を向け、他国への侵攻に汲々としてきた。そのうえ日本は、東洋の要衝を占めている。西洋の船舶はまずそこに停泊することになっており、日本人は西洋との

接触が中国や韓国よりも早かった。それで西洋の文物をすばやく取り入れ、急成長した。もし彼らが大局をよく見て、隣国への侵略政策を捨てて、協力の道を選んだなら、平和が実現し、世界的な戦乱も避けられたであろう。しかし彼らの国策は、それに背を向けて、日ごと、隣国の領土を侵し、ひたすら己の勢力拡張に努めたのだ。

日本は甲午の役（一八九四年、いわゆる甲午東学の乱）のとき、すでに遼東半島への領土的野望を露わにし、さらにその後ロシアを追い払ってからは自分たちの前進を妨げる者は最早ないと見て得隴望蜀（隴を得て更に蜀を得んと望む。欲の深いこと）、ついに満洲と韓国を支配下に置こうとした。小さな島国の人間が大陸に向かって進出するというのは、それこそ誇らしいことであったろう。しかし西洋の勢力が東方に伸びるにつれ、列強の視線は中国本土に注がれた。そこで日本が先手を打ったのだから、中国は混乱に陥り、列強間の競争はいやがうえにも激しくなった。億万人民の命を奪い、財産を破壊し、世界を戦火に追いやるのを、人としてどうして許すことができようか。

大局の平和が乱されたのは、実は伊藤博文の侵略主義のせいである。安重根は彼を平和の公敵、その頭目と見破り、彼を排除しない限り、禍は免れないと考えた。それゆえ、世界平和のため、自らの命を投げ打つのを無上の幸福とした。主義が相反するから当然、ともに生きることができず、結局あのような事件が起こったのだ。こうしてみると、世界へ視野を広げ、平和の代表者を自認した安重根の偉業は、ただ韓国の仇を討ったというだけでは語り尽くせない。

第一章　安重根の出生

韓国はアジア東部に位置する古い国だ。東、西、南の三方を海に囲まれ、北は大陸と繋がって半島を成し、山河が美しく、早くから文明が発達してきた。

始祖の檀君（タングン）は中国の唐堯（伝説上の聖帝、堯は陶唐氏なのでこう呼ばれた）の時代に国を建て、天を祀る礼法を創始し、上帝（神）の恵みを受ければ必ずその恩を返さねばならないという道理を唱えた。檀君の子息、扶婁（プヌ）は玉帛（玉と絹織物）を持って夏禹の塗山会（塗山で各部落の頭目らと集会を開いて同盟を結んだ。塗山の具体的な場所は不明で浙江省、四川省、安徽省の諸説が伝わる）へ行き、殷の太師、箕子（キジャ）（箕子朝鮮の祖。伝説では中国の殷の紂と縁戚）は周を避けて東方に至り、八条（八条の禁のこと。傷害、偸盗など）でもって民を教えた。女は貞節を守り淫乱をせず、人々は互いに盗みを働かなかったので家々は鍵さえもかけなかった。つまり、聖人君子の教化を受けたのである（出所は『後漢書』「東夷列伝」「濊伝」）。

高句麗と渤海は武力で東方に勢力を張り、新羅、百済、高麗、そして李氏朝鮮は子々孫々、文化教育に力を入れ、倫理・礼節を重んじ、世界に君子の国として四三〇〇年余りも知られてきた。それなのに強盗の奸計に引っかかり、一朝にして崩壊したのだ。かといって、血でもって歴史を輝かせた忠義の志士がいなかったわけではない。昔、張子房は東方の滄海君主を尋ねて大将となり、博浪沙で秦の始皇帝に鉄槌を下した。現在の江原道江陵（カンヌン）がまさしく滄海大将の故郷だという。高句麗

の東川王が魏の軍隊に追われ、海辺の僻地に難を避けるや、国は滅亡の瀬戸際に立たされた。このとき、東部の大将、紐由（高句麗の忠臣、武将。～二四六）が短刀で魏の大将を刺殺して国を救った（この話は『三国史記』一七巻にある）。

新羅の大臣、于老の妻は倭の使臣をもてなすと見せかけ、火を放って焼き殺し、夫の仇を討った（『三国史記』四五巻）。黄昌郎（朝鮮武芸の祖）は一三歳の時、剣舞を舞いながら百済王を刺殺して父の仇を討った（『新増東国輿地勝覧』「東寰録」）。高句麗の一兵卒は使臣について江都に入り、弓矢で隋の皇帝・楊広を撃って国難の打開を図った。こうした義士侠客を挙げれば枚挙に暇がない。それだけに、今日においても国難を前にして憤って立ち上がる者がいないはずはない。こうして長白山（白頭山に同じ。朝鮮側からはふつう白頭山と呼んでいる。漢民族、朝鮮民族の聖地の一つ。中国側からは長白山。長白山脈の最高峰）と黄海の間に安重根が現れたのだ。

安重根は韓国黄海道海州の人である。海州は山を背にして大海を臨む都市だ。高麗時代の海州の人、崔沖（九八四～一〇六八。高麗の学者で太師中書令、大臣クラスにまで出世した。晩年は書道をよくし経学を講じて教育振興をはかり、海東（＝朝鮮）の孔子と呼ばれた）は聡明で、学問をよくし、儒教を広めた。李氏朝鮮の有名な儒学者、李珥（一五三六～八四。名は叔献、号は栗谷。大臣の右賛成まで務めた。一五七七年、海州の山中に移り住み、弟子を教え著述に没頭する。主要著書として『聖学集要』『撃蒙要訣』『四書諺解』など）は、海州の山河をこよなく愛し、その西方の石潭に居を定めた。安重根の父の泰勲は進士（科挙及第者）で、幼い頃には神童と言われ、見事な詩を作って近隣にあまねく知られた。さらに豪放で節操を兼ね備えた。一八九四年に東学党が決起したとき、郷兵を集めてその討伐に当たった。

安重根の胸には、生まれたときから碁石のような七つの黒点が北斗七星の如くついており、それで祖父の仁寿(インス)は「応七(ウンチル)」と名づけた。この名は後に重根の字(あざな)となる。父の泰勲はしばしばソウルに出て学問を磨いていたので、重根は祖父の膝下で育った。彼は七つのとき、(黄海南道)信川(シンチョン)郡清渓(チョンゲ)洞に居を移す。きわめて聡明で、経史をそらんじ、書道にもすぐれていた。また遊ぶときには弓や銃を忘れず、乗馬の訓練も欠かさなかったので、射撃術にも極めて技量高く秀で、空飛ぶ鳥を馬上から射ち落とせることもできた。

第二章　安重根、少年時代に賊党を討つ

安重根が一五のとき、つまり甲午年である一八九四年に東学党の乱が起こった。その頃といえば東アジア全体の情勢が急変した時期で、重根の活動の胎動と黎明期でもあった。東学党の一団が各地に勢力を伸ばし、殺人と略奪をほしいままにしていた。長く天下太平を過ごしてきた人々は、恐れをなして逃げまどうのみで、敢えてこれに立ち向かおうとする者はいなかった。

父の泰勲が義兵を起こしてこれに当たろうとすると、重根もそれに従った。父は、「戦は死を覚悟した者が行うもの。お前のような若輩の出る幕ではない」と叱りつけた。重根は、「大人が国のためわが身を顧みずに賊を討伐しているのに、子としての私がどうして平然としらんぷりをしていられますか」といって銃を手に立ち上がった。実際、彼は戦場では常に先頭に立った。

数カ月で数十回の戦闘に身を投じたが、その都度勝利し、父もさすがに舌を巻いた。賊党らは怒

り心頭に発し、「安氏親子がわれわれに立ち向かうとは！」とばかりに檄文を発してあちこちから仲間を集め、その数およそ一万を超えた。彼らは清渓洞に押し寄せて包囲すると、皆殺しにするぞと脅した。賊党の放つ銃声が山谷をゆるがした。そのとき、義兵の側は一〇〇人にも満たないうえに、装備も粗末なものだった。大軍の突然の襲来に村人は慌てふためいて逃げ出した。

安重根は「敵は頭数が多いといっても戦術、規律に欠ける。恐れるに足らず」と言い放ち敵陣めがけて突進し、猛射撃した。そして一発たりとも的を外さなかった。敵軍は死傷者が増え、ついに戦意を失って、我先に逃げ去った。義兵が分捕った馬と銃弾は数え切れないほどだった。

当時、重根は、背が五尺に満たず、赤いチョゴリを着ていた。しかしながら賊党は、彼のことを天が遣わした「紅衣将軍」だといって恐れたものだ。もとを正せば、「紅衣」すなわち赤いチョゴリは韓国の風俗上、子供が日頃着る服にすぎなかった。

その頃の宰相のなかには国の食糧を横領する者がいた。安泰勲は食糧の一部を軍用に用いた。戦乱が鎮まると、宰相はその食糧をさっそく供出せよと要求した。泰勲はこの要求から逃れようと、フランス人神父の教会（聖堂）に身を潜めた。フランス人のカトリック神父は安氏父子の活躍をすでに聞き及んでいたので彼らを匿（かくま）った。このときから、安重根はカトリック教徒（天主教徒）となった。

第三章　安重根の尚武主義

翌年の春、戦乱が平定すると、安泰勲は義兵（外敵や賊徒を討つために組織された一般民衆の兵）を解き、家に戻って田を耕した。

安重根は村人に向かってこう言った。

「わが国は学問ばかり重んじ、武芸を廃した結果、人々は武器の扱い方がわからず、国力は弱まる一方である。烏合の衆にすぎない東学党が何年間も禍を及ぼしたが、官軍が即座に乱党を鎮圧できず、人々は大きな被害をこうむった。こんなありさまでは、もし強い外敵がわれわれの弱みに乗じて攻めてくれば、銃一発すら撃つこともできずに倒れてしまうだろう。いま、われわれは山中にあって、たとえ人数は少なくとも、射撃の訓練に励み、武徳を重んじる気風を育み、国民を導いて文弱の習性を改め、尚武の気風を次第に育てていくならば、きっと有事のときに備えることができるはずだ」。

彼は財産をすっかりはたいて武器を購入し、軍人になれそうなあちこちの青少年に分け与えては射撃練習をさせた。こうして村には武芸に秀でた者が増えていった。

二〇歳を過ぎた頃から彼は黄海・平安・京畿の各道を巡って、壮健で意欲的な青少年を選んでは団体を作り、軍事の研究に余念がなかった。武器にかかる経費はすべて彼が負担した。

ああ、わが国は長い間学問ばかりを重視したために、軟弱な国になってしまった。国家が対立し、

民族が面と立ち向かいあえば当然そこには競争が起こる。勝敗と存亡は力の強弱で決まる。したがって武術に優れ勇猛なる者が覇王となって獅子、虎の役割をし、弱々しくて死を恐れる民族は奴隷となって羊・豚の役割に甘んじることになる。人口二億のインドが小さな島国のイギリスの奴隷となり、毎日その鞭の下で苦しんだのは弱かったせいだ。人口一〇〇万足らずのセルビアがトルコを破って独立の旗を掲げることができたのは、軍事力が強大だったからだ。

わが国の歴史を見ても、かつて高句麗が卒本（チョルボン）（高句麗の始祖、東明聖王（トンミョンソン）が都邑を定めた所。広開土王（クァンゲト）の碑文に出ている忽本（ホルボン）と同じ）の一部落で決起して諸国を征服し、東方に勢力を張り、すばらしい覇業を七〇〇年も維持できたのも、まさしく尚武の結果以外のなにものでもない。ところが李氏朝鮮の時代になってからは、文治を重んじ、武芸をあまりに軽んじたため、朝廷の高官どもは馬に乗ることすらできず、さらに軍事のことはいささかも語らず、武班（ムバン）（武官）は両班（ヤンバン）（文班（ムンバン）、つまり文官と武官を合わせたもので、李氏朝鮮の支配層、貴族）のうちにも数えられなかった。両班（とくに文官の文班）は毎日泰平の世を讃えながら王に諂（へつら）い、自分の権勢を拡張しては民をいじめてばかりだった。そして上層部のいわゆる国民の師範という者たちもみな、朱子学に浮かれて儒学（あるいは儒学者）を強要していた。彼らは実学を俗学だと馬鹿にし、騎馬、射撃術を卑賤の才といって非難し、尚武の気風を抑え、民風を衰弱させ、門戸を閉じ、目をつぶってこの世に我一人しかいないように傲慢にふるまった。これで、どうして滅亡しないはずがあろうか。ましてや今日は風雲急をつげ、世界に惨劇が続出する激動の時代だ。列強は弱小国家を併合し、弱き種族を滅ぼすことを、あたかも自らの義務であるかのように心得、先を争って攻めてきている。どんなに危険な状態であることか。

安重根は幼くしてこのことを知っていた。国中が眠っているときにも独り意気に燃え、尚武主義でか弱き民風を改め、危機に瀕した国を救おうとした。彼は身分高からず、権力もなくて志を遂げることができなかったが、その卓越した見識、苦難を克服し、偉業を成し遂げようとする固い意志は、とうてい凡人の及ぶところではなかった。

第四章　安重根の義侠心

一八九八年三月のある日、安重根は何人かの同志とともにソウルの町を散歩していた。ちょうど馬に乗った韓国人が通りがかったが、突然日本人が一人現れ、その人を馬から引きずり下ろし、馬を奪って逃げようとした。あっという間の出来事で、近くにいた韓国人たちは呆気にとられてどうすることもできなかった。これを見た安重根は、大声を張り上げながら左手で男の胸ぐらをつかみ、右手の拳銃を相手の腹に押し当て、「こ奴、ひどいことをする。馬を持ち主に返せば許してやるが、そうでなければお前を撃ち殺す」と叫んだ。怯えた日本人たちは周りをとりかこむだけでとても手出しができない。男が馬を返すというので、重根は手を放した。韓国人たちは快哉を叫び、無法者を懲らしめたこの者はいったい誰なのかとしきりにささやき合った。

まったくひどい話だ。韓国に居住する日本人は白昼の大都会で、まるで傍らに人がいないかのように公然とこんな不届きを働いた。それは、われわれの民心がどれほどのものかと探っているのだった。もともと日本は、他国を奪い取ろうとするとき、臨機応変の謀略と抜かりない策を立てる。

あちこちの国に住む日本人は誰も、政治的な頭脳を持ち、行商人、労働者、薬売り、売春婦の別なく、スパイ行為をする。彼らはそれとなしに国情、民心を探っては政府当局に知らせている。何と恐ろしいことか。

あのとき、安重根が敢えてその男の鼻柱をへし折らなかったら、おそらく男は韓国人を意気地なしで義理も感じぬ者、愛国心、敵愾心のない者と思い込み、何とかつけ入ろうと考えたことであろう。彼らは物品のみならず、国まで奪おうとする連中だから、これは重大なことであった。まさに安重根はわが身が粉々になろうとも、各地で苦しむ同胞を何とか救おうとしたのである。

もとを正すと、彼の家は裕福で大眷族（一族）だった。ところが彼は家を顧みず、毎日あちこちの有志と会っては尚武主義を訴えていた。友を助けることを自らの信念と心得ていた彼のこと、貧しき者あれば財産を投げうってでも力になろうとし、また、いい武器があると聞けば田畑を売り払ってでも買いつけた。次第に暮らし向きが困難になっていったが、安重根はそんなことは少しも気にかけなかった。

第五章　日本の韓国経営および保護条約の概況

日本は極東の島国で、韓国とは海峡を一つ隔てて古代から食物、衣服、王室制度、天文、医学、工学、儒教、仏教などの文物を受け容れていただけに、韓国を先進国として崇めてきた。それなのに、この民族は性格が荒っぽく、略奪を好み、韓国各地で暴れ回ったので、以来（朝鮮の）朝廷の

1873（明治 6）年 5 月頃、「征韓論」を力説する西郷隆盛

心配の種になった。

一五九二年、豊臣秀吉は朝鮮を足場に中国をわが物にしようとした。朝鮮の朝廷がこれに刃向かったため、彼は怒って水陸一六万の大軍を送って朝鮮を侵略した。七年間の戦乱の後、彼の死を迎えてやっと日本軍は撤退した。それからは、国交の回復が成って、贈り物の交換や交易も行い、三〇〇年間お互いにつつがなく過ごした。

そんな日本が、西洋文化を取り入れて政治を改め、国力を突然ぐんと伸ばした。一八七六年に西郷隆盛は朝鮮の和議拒否を口実に征韓論を唱えたが、大久保利通らの反対でこれは実現しなかった。

しかし西郷の死後、彼の主張は日本国民の間に広まり受け容れられていった。日本は満洲・韓国を完全に支配しようとしていた。その後日本は、韓国との間に通商条約（一八七

六年の江華島条約のこと。これにより朝鮮は釜山（プサン）、仁川（インチョン）、元山（ウォンサン）の三港を開港することになった）を結んだ。そして使臣をソウルに駐在させ、巧みに領土略奪を狙ったが、中国の制止に遭って後退を余儀なくされ、そのなかで中国への不満が積もり積もった。彼らは一八九四年の韓国での東学党の乱を口実にして、中国に戦争をしかけた。この戦争で中国が敗れ、馬関条約（下関条約。一八九五年四月一七日、李鴻章と伊藤博文との間で結ばれた下関での不平等条約。馬関は下関の旧名）が結ばれ、中国は韓国の完全独立を認めるに至り、ここにわが韓国は中国との関係を断絶するに至った。

日本は韓国政治を一新するとの口実の下に韓国政府の各部に顧問を設け、日常事務を管理させ、井上馨（一八三五～一九一五。明治政府の内務大臣。一八七六年に日本の全権大使として江華島を訪れて日朝修好条規を締結する）は公使の名においてすべてを指揮した。後に韓国の明成皇后（ミョンソン）（閔妃（ミンビ）。一八五一～九五。高宗（コジョン）の妃として親露政策を行って日本に対抗したので、一八九五年一〇月八日、日本公使三浦梧楼らにより殺害された）はロシアと結んで日本に背を向けた。三浦梧楼（一八四六～一九二六。軍人にして政治家。維新運動に加わり、陸軍中将となる。一八九五年、駐韓公使に）が井上の代わりに公使となり、軍隊と刺客を王宮に遣って明成皇后を殺害したのである。これを機にロシアとの間に衝突が起こった。

一九〇四年、ついに日露戦争が勃発する。天皇は宣戦布告に際し、韓国独立を認めると宣言し、その使臣も六条（日韓議定書。一九〇四年に結ばれた条約で、その内容は韓国を日本の保護国とするなど六カ条から成る）を結ぶとき、韓国の独立・領土保全を約束した。しかし、実際日本は武力で韓国の権利を奪い人民を虐殺し、財産を奪ったのだ。日本がこうしてその侵略の意思を露わにするや、韓国の臣民は救国を叫びながら何とか自らの力を国に尽くそうとした。彼らは民意を反映する議院の設

置を提議したが、こうした意見は政府官僚のなかにもあった。

このとき、伊藤博文が大使の名目で訪韓した。彼は韓国皇帝に天皇の親書を手渡しながら両皇室の和睦を望んだ。伊藤はこれを韓国独立を支持し、満洲を中国領土として確保するためだと説き、韓国の懸念を何とかほぐそうとした。彼はまた韓国皇帝に、「この難局に君権の維持はますます重要なことと存じます。望むらくは陛下が周りの助言に惑わされ、君権を失うことのなきように」と訴えた。

韓国皇帝はもとより伊藤を買っていた。伊藤はわが国の君権保護を言う一方で、臣民たちが議院設置を求めても君権弱化に繋がるといってこれを許さなかった。彼はこうして韓国皇帝の気を伺いながら民論機関を破壊し、後の強制条約締結の礎を築いていったのである。

日本がロシアとの戦争で勝ったので、以来ロシアは韓国の政治・軍事・経済に対する日本の特権を認め、伊藤は統監として堂々と韓国入りを果たし、思い切って韓国統治を行うことができた。

一九〇五年一一月一七日夜、伊藤は公使の林権助（一八六〇～一九三九。一八八七年東大法学部卒。外務省入りし、八九年、仁川副領事、九〇年、領事、九八年、駐華公使館参賛、後に公使となる。九九年、駐韓公使）と大将の長谷川好道（一八五〇～一九二四。一八七〇年、大阪兵寮に就学。八六年、少将、一九〇四年、日露戦争で大将に昇進。一九〇六年、駐韓日本軍司令官。同年三月、伊藤の赴任まで統監代理を兼任。一九一二年、日本軍総参謀総長、一九一四年に元帥）らとともに、軍隊を率いて王宮に乱入し、大砲を配置し武力で脅してあちこちに衛兵を立たせておいて大臣らを招集し、そこで無理やり五条約（乙巳（いっし）保護条約ともいう。一九〇五年一一月一七日に結ばれた。同条約により日本は韓国に統監を置き、その内政と外交を掌握する

ことになる）を差し出した。その内容は次のとおりである。

第一条　日本国政府は東京の日本外務省によって、今後韓国の、外国に対する関係および事務を統轄指揮し、日本国の外交代表者および領事は外国にいる韓国の臣民および利害を保護すること。

第二条　日本国政府は、韓国と他国との間に現存する条約の実行を完全にする任に当たり、韓国政府は今後、日本政府の仲介によらずに国際的性質を有するいかなる条約や、約束をしないことを約する。

第三条　日本国政府は、その代表者をして韓国皇帝陛下の闕下（天子の御前）に一名の統監を置き、統監は外交に関する事項をすべて管理するために、京城に駐在し、親しく韓国皇帝陛下に内謁する権利を有する。日本国政府はまた、韓国の各開港およびその他の、日本国政府の必要と認める地に理事官を置く権利を有し、理事官は統監の指揮下に、従来在韓日本領事に属している一切の職権を執行し、併せて本協約の条項を完全に履行するために必要だとするに足りる一切の事務を処理すること。

第四条　日本国と韓国との間に現存する条約は本協約の条項に抵触しないものに限って、すべてその効力は継続することとする。

第五条　日本国政府は韓国皇帝の安寧と尊厳を維持することを保証する。

右の証拠として以下の者は各本国政府から相当する委任を受け、本協約に記名調印する。

光武九年一一月一七日
　外務大臣　朴　斉純　印
明治三八年一一月一七日
　特命全権公使　林　権助　印

韓国皇帝がこの五つの条項をあくまで受け容れないと見ると、伊藤は武力で脅した。また参政の韓圭卨(ハンギュソル)が絶対反対を唱えると、伊藤は彼をすぐさま監禁し、兵士に見張らせた。さらに外務大臣・朴斉純(パクチェスン)が躊躇していると、兵士に外務省の印鑑を盗んでこさせ、朴に無理やり判を押させた。これがいわゆる乙巳保護条約である。

翌日、元老の閔泳煥(ミンヨンファン)、趙秉世(チョビョンセ)らは条約廃棄を強く訴えたがかなわず、両元老は自決をもって殉国した。

無論、官吏、儒生、軍民らは一様に憤慨して反対したが、伊藤は軍隊の派遣でこれに応えた。四三〇〇年余の長い歴史を持つ国家が、こうして日本の統治下に入ることになった。

ある日、伊藤が京畿道水原(スウォン)などを巡って安養(アニャン)停留所に到着したときのことだ。金台根(キムテグン)なる農民が石を投げつけ、あやうく彼に当たりそうになった。驚いた伊藤は慌てて帰路についたが、金台根は逮捕された。伊藤は「こいつを殺せばかえって不利になるから死刑にはするな」と言って鞭刑に

処した後、彼を釈放した。

同じ頃、中国直隷省（現在の河北省）の天津の人、潘宗礼が日本からの帰国の途上、仁川港に宿泊していたが、彼は日本人の韓国人への迫害の様子を目の当たりにし、まるでわがことのように感じ、悲しくて声をあげて、泣いた。

このとき、中国人のある商人が彼に、殉国した忠正・閔泳煥の遺書を見せたが、その内容は次のとおりだった。

「ああ、国家的な恥辱と民族的な恥辱がこれまでに至り、やがてわが人民は生存競争のなかで全滅することでしょう。ことここに至っては、命を惜しむ者は死に、死を覚悟する者は生きられるであろうから、皆様はこの道理を心に刻んでください。今日泳煥は死でもって皇恩に報い、二千万同胞兄弟と惜別致します。泳煥の体はたとえ死すとも、精神は死なないから、あの世で皆様の力になりましょう。願わくば、同胞兄弟が千万倍も奮闘し、意志と気概を強くし、常に学問を磨き、団結する決心をしてわれわれの自由独立を回復するならば、死せる者もあの世で心から笑うでしょう。ああ、いささかも失望なさらないでください。わが大韓帝国二千万同胞に惜別し告げる次第であります」

潘宗礼はこの書を読んで泣きながら、「泳煥はまさしく忠臣です。だが彼の死は遅すぎた。韓国の滅びるのを見れば中国も危ういのに、中国国民はいまだ気づいていない」と言い、早急に行うべき一四項目をしたためた書を友人に託し、政府に提出するよう頼んだ後、自ら海に身を投じた。彼もまた、自国の人々を目覚めさせようとしたのであろう。

当時、直隷省総督だったのが、袁大総統（袁世凱。一九一二年三月、臨時共和政府を樹立、臨時大総統に就任し、翌一三年一〇月、中華民国初代大総統。このことは本論の書かれた年代を推測する重要根拠になる）である。彼は潘宗礼の追悼文を自ら記し、また朝廷に上訴文を送ったという。

第六章　安重根、国事に奔走

日露戦争開始のとき、安重根は二六歳であった。彼はこう慨嘆している。

「この戦争は実のところわが国の存亡にかかわるものだ。日本が勝てば日本に食われ、ロシアが勝っても同じだ。われわれに実力がないから致し方がないのだ」

日本がロシアと和解したとの報を受けた彼は、父に次のように述べた。

「事態は急を告げています。遠からずわれわれは策を立てる余地もなくなるでしょう。他国の援助を求めるにしても、中国以外に望みがありません。中国とは昔から興亡盛衰をともにし、いまもやはりそうです。万一、天の助けで中国が立ち上がるなら時局も安定しますし、わが国の将来にも望みが出てきましょう。大江（揚子江の別称）の南北には有能な人材が多くいるとのこと。そちらを回ってそれらの人たちと会い、天下大事をともに成就しようというのが私の願いです」

こうして彼は一九〇五年一〇月に家を出て船で海を渡り、煙台・膠州・威海・上海などを巡って同志を探し求めた。しかし残念ながら、そのような人とは出遭うことがなかった。数カ月がたって父が死んだとの知らせを受けて帰国し、葬儀を済ませてから、家族ともども国外へ移住しようとし

た。しかし家族全員が一度に出かけるのもたやすいことではなく、しかたなしに平安道三和郡鎮南浦に移住することにし、そこを中国へ渡る足場とした。

その頃、韓国はすでに日本の支配下にあったため、軍事、警察、教育、司法、郵便など一切の事務は日本人が行い、韓国人官吏は日ごとに辞めさせられていった。なかに官職に残った者がいたとしても、日本人の下僕にすぎず、自らの事務にすら加わることができなかった。あげくの果てには森林、漁業・鉱山・鉄道・高麗人蔘畑・荒れ地の開墾・屠殺業など、各種の産業も彼らに奪われてしまった。彼らは平民の家屋や田畑も軍用の名目で強奪し、人間まで追い立てたり殺したりした。実に残酷という他なかった。彼らはこうしてわが韓国を廃墟にし、わが民族まで全滅させようとした。

安重根は命をかけて国と民族を救う決心を一層固めた。そのためには、まず国民の意識を啓発し、人々の力を集めることが絶対必要だと考えた。そこで彼は私財を投じて三興学校を建て、広く青年を募って教育を行った。二人の弟をソウルにやって勉強させたのも、志ある人材を集めるためだった。演説するときは、いつも悲憤を抑えきれずに声を高め、また、その訴えが人々の奥深くを揺り動かしたので、聴衆で涙しない者は一人もいなかった。以来、日本警察は彼に注意を向け始め、彼の行く所どこへでもついて回り、その過激な言論を調査した。しかし彼は一切構わず、ますます強烈な論陣を張った。その身を案ずる家族や親友らが言葉を慎むよう助言しても、彼はこう答えるばかりだった。

「私は生涯正しく身を処し正義のために行動しようと思います。たとえそれで命を失っても悔いは

ありません」

当時ソウルにいた西北道（西道は黄海道と平安南北道を、北道は咸鏡南北道を指す）の人士は、西北学会(ソブク)を作り、学校や新聞社を建てた（西北学会は一九〇八年一月、朴殷植(パクウンジク)、安昌浩(アンチャンホ)、李甲(イガプ)らが西友(ソユ)学会と漢北(ハンブク)興学会を合同して結成した愛国啓蒙団体。雑誌『西北学会月報』を発刊し、巡回講演を行って日本の侵略に反対した。日本の韓国併合後、解散させられる。ところで「安応七歴史」には西北学会もしくは西友学会への言及がなく、一九〇七年末にウラジオストック＝海蔘威に赴いた彼が翌年組織された西北学会に参加したかどうか疑わしい。もし参加していたなら西友学会と見るべきであろう）。これは地方教育のモデルとなった。安重根も同学会の会員として力を尽くした。一九〇六年秋、同会の学生たちが京城東大門外の三仙坪(サムソンピョン)で運動会を開いた。それに参加した会員の顔ぶれを見ると、安重根、李甲、安昌浩、柳東説(ユドンヨル)、盧伯麟(ノベンリン)、李東輝(イドンヒ)、李鍾浩(イジョンホ)といった錚々たる志士がいる。

安昌浩は平壌の人で理想家にして雄弁家かつ事業家である。彼は早くからアメリカを訪れて近代文明に接し、伊藤博文が韓国統監をしていた頃に帰国した。彼は祖国の滅亡に胸を痛め、同族の悲劇に涙する人物であっただけに、その演説は常に鋭く、感情に溢れ、まるで胸から血が噴き出るかのようだった。人々は砂漠でオアシスに出遭ったかのように駆けつけ、彼の演説にことごとく涙を流した。彼は心をこめて人材教育と団体結成に尽くしたので、国民は彼を信じて仰いだ。彼は安重根と意気投合し、重根の抱負と勇気を高く買った。ある友人に、彼は次のように語ったことがある。

「重根はわが集団の強硬派で、急進を主張している。彼は今日、われわれのなすべきことは義兵を起こすこと以外にないと考えているが、その成敗は別にして、今後、彼はきっと偉業を成し遂げる

であろう」

第七章　伊藤博文の脅迫による韓国皇帝の譲位と丁未七条約の強制締結

日本が韓国を併合する時機はいまや熟していた。一九〇七年七月、ハーグ密使事件が起こった（李相卨（イサンソル）・李儁（イジュン）・李瑋鍾（イウィジュン）らがハーグで日本の蛮行を暴露したが、会議への正式参加を許されなかった。これに怒った李儁は憤死し、他の二名はアメリカを経てロシアに亡命した。この事件を口実に日本は国王の高宗を廃位させた）。オランダのハーグで開かれた万国平和会議に韓国議政府参賛の李相卨、平理院検事の李儁、駐露公使参事官の李瑋鍾が直接、会議で日本による条約締結強要の事実、その残虐な侵略行為を全世界に訴えようとしたが、日本側の妨害で、各国議員はこれを取り上げて審査することができなかった。

これを機に日本政府の野心はいっそう大きくなった。伊藤博文はずっと以前から韓国皇帝を廃位させようと企てていたが、ことの重大さから即座に手を打つこともできず、虎視眈々と機会を窺っていた。ハーグ密使事件の発生で、伊藤らは好機到来とばかりに大喜びし、計画の実行を決定、暗々裡にことを運んだ。日本政府はことが重大にして困難だと見て、伊藤を助けるために急いで外務大臣、林董（ただす）（一八五〇～一九一三。イギリス留学後、一八九六年、駐華公使、九八年、駐露公使、九九年、駐英公使、大使を務めた。一九〇七年、伯爵、一一～一二年、外務大臣。小説『他国人民のために』、『林董伯爵回憶録』などを英語で発表した）を遣わした。彼らはまず、韓国皇帝を逮捕して日本へ連行するという噂を流し、朝廷の内外を動揺させて脅かした。七月二三日には伊藤、長谷川好道、林董らが軍隊を引き連れ、

王宮に押し入った。あちこちに大砲を設置し、銃剣で身を固めた兵士を配備してから、逆賊の李完用（イワニョン）、宋秉畯（ソンビョンジュン）、趙重応（チョジュンウン）、李秉武（イビョンム）らをそそのかして皇帝に譲位せよと迫った。宮内部大臣、朴泳孝（パクヨンヒョ）は、皇帝にそれを拒絶するよう密かに助言を奏したかどで警察に捕えられた。反対運動を画策した愛国人士の姜泰鉉（カンテヒョン）、宋英根（ソンヨングン）、李甲、魚潭（オダム）、林在徳（イムジェドグ）らはことごとく投獄され、さらに大安門外に集まって嘆く数千の民衆は銃撃で追い払われた。

伊藤は皇帝を無理やり譲位させてもこと足りず、林と組んで七項目の要求を出すことを決め、李完用、宋秉畯らを呼んで条約を結ばせた。その内容は次のとおりである。

日本政府および韓国政府は、すみやかに韓国の富強を促し、あわせて韓国の幸福を増進するためにつぎのような条項を約定する。

第一条　韓国政府の施政改善に関しては統監の指揮を仰ぐこと。

第二条　韓国政府が制定した法令および重要な行政措置は統監の承認を経ること。

第三条　韓国の司法事務と普遍行政事務は各々区分して処理すること。

第四条　韓国の高等官吏の任免は統監の同意下に実行すること。

第五条　韓国政府は統監が推薦する日本人を韓国の官吏に任命すること。

第六条　韓国政府は統監の同意なしに各国の人を韓国の官吏として招聘することのないようにすること。

オランダのハーグで開かれた第 2 回万国平和会議
（1907 年 6 月 15 日～ 10 月 18 日）の一場面。

第七条　明治三七年（一九〇四）八月二二日に調印した日韓協約第一条（度支財政顧問官招聘に関する条項）を廃止すること。

このとき、韓国民の怒りは尋常なものではなかった。彼らは李完用、宋秉畯らの屋敷と日本警察の派出所に火を放ち、日本軍に押され退却したかと思うとふたたびソウルの鍾路（チョンノ）に集まって、あるいは泣き叫び、あるいはまた演説を繰り返した。

日本軍人が馬上から鞭をふるって民衆を追い散らそうとした。そこへちょうど典洞（チョンドン）の兵営（訓錬院（フルリョンウォン）。武芸の訓練や兵書の講習を司った役所で、参謀部も兼ねた）から出てきた韓国軍人数十名が、この光景に怒り心頭に達し、銃を乱射して日本軍人数名を殺した。大衆は気勢をあげ、「日本人を殺せ」と叫びながら投石を始め、日本人三〇名を殺した。

伊藤博文は怖れをなし、韓国軍の解散を画策した。反乱を恐れたのだ。彼は韓国軍を脅し、兵士のなかから首謀者を摘まみ出し、各兵営の弾薬を完全に封印した。王宮の門から鍾路までと、各兵営の内外にはずらりと砲台を並べ、各地方の日本軍には電報でソウル集結を命令した。こうしてソウルはたちまち日本の軍人で埋まってしまった。韓国軍の将校には、それぞれの部隊を訓錬院に集めるよう命令し、皇帝の偽の勅書を配って恩賜金を与えて武器を没収し、かつ解散令を発した。韓国兵は怒って、もらったばかりの金を地面に叩きつけて決起しようとしたが、後の祭りだった。すでに武器を奪われた身であった。しかたなくそのほとんどは地方に落ちのびて義兵となった。

このとき、侍衛第一大隊長、朴昇煥（パクスンファン）（朴勝煥、朴星煥とも書く）は西大門の兵営で、所属兵士一〇

〇〇名を前に痛恨の演説をぶった。

「私は諸君と将兵の間柄で一〇年以上もともに過ごしてきたが、忠誠の念足りずして、ここに国家の衰退を招いてしまいました。日本はわれわれの主権を奪ったうえに、わずかに残った軍隊までも恐しくて解散命令を下しました。軍人として国を守れなかったのですから罪を犯したこの身は死んで然るべきであります。ましてや敵に解散させられたのです。卑怯な命をどうして長らえることができましょうか。諸君は思うとおりにせよ」

こう言うと銃を抜いて自分を撃ち、さらに刀を抜いてわが首を切った。こうして部下たちを激励しようとしたのだ。軍人たちの怒りは天をも衝かんばかりで皆銃を手に日本軍と三時間も激戦を繰り広げ、梶原大尉およびその部下二〇〇余名を殺害した。すると今度は日本側が三〇〇〇以上もの軍人を動員して包囲攻撃をしかけ、機関銃を撃ちまくった。ソウル市内の日本人は男女を問わず、われ先に武器を持って出てきて、これに加勢した。韓国軍は一七〇人の死亡者を出したが、何の支援も得られず、さらに銃弾も底を尽き、結局敗北して山域に逃げるしかなかった。日本人は、このように暴れてもまだ足りず、韓国兵の捜索という口実で手当たり次第に民家を襲い、略奪や殺人行為を行った。空には黒煙が立ちこめ、地には血生臭い匂いが漂った。やがて曇りだし、ついに雨が降って、町中叫び声と泣き声に溢れ、まさに凄惨そのものといった光景であった。

このとき、平壌にいた安重根は、この変事を聞くとすぐにソウルに駆けつけ、南大門外の済衆院（チャジュンウォン）（韓国初の西洋式病院）に滞留した。惨状をつぶさに見た彼の胸はこのうえなく痛んだ。銃声がやや鎮まるや、彼は安昌浩、金弼淳（キムプルスン）、その他何人かのアメリカ人医師とともに赤十字の腕章を付け

て戦場へ赴き、負傷者の救出に当たった。その数は約五〇名に達した。

第八章　安重根、祖国を去る

安重根は同志とともに義兵を起こそうと考えたが、全国の津々浦々に日本の警戒網が張り巡らされ、簡単に手を出すことができなかった。民間の武器という武器はすべて没収され、鉄器の類はほとんど残っておらず、これで義兵を起こすとは話にもならなかった。そこで彼は活動の場を海外に求めることにした。

ロシア領のウラジオストック（海蔘威）は韓国人が多く住む地域で、そこは日本の勢力外であったため、自由に行動できた。彼は京釜線(キョンプ)を使って釜山(プサン)経由でそこへ行こうと、南大門外の停留所（現ソウル駅）に歩を運んだ。二人の弟、定根(ジョングン)と恭根(コングン)が見送りに来た。彼は弟たちに言った。

「いま、われわれはわが身、わが家族ばかり考えているときではない。私は家と国をはるか離れてあちこちを巡り、国のために命を捧げることを誓う。計画は人間のやることだが、その成否は天が決めることだから、私には事の結果がどうなるかはわからない。昔から、必ず成功するからといって事に当たった英雄豪傑はいない。彼らはひとえに自らの熱意と固い意志で、百度挫折しようとも屈せず、目的達成までは手を緩めようとはしなかった。私もまたそうするしかない。わが国の社会でもっとも欠けるのは団結だ。これは謙譲の美徳に欠け、虚偽と傲慢で事に当たろうとし、人の上に立つのを好み、人の下にあるのを嫌うためだ。お前たちは虚心になって、良いものを学んで、身

につけ、自分を低めて相手を尊び、社会に害を及ぼすことのないようにしてほしい。三興学校は極力維持するようにし、実を結んでもらいたい。神様が禍を下したことを悔やまれるときには、われわれも国を取り戻す日を迎えることができるし、われわれ兄弟も一堂に会することができるであろう。その日を見ない限り、いったいどこの地でこの身を埋めることができようか」

と言って汽車で去った。

ウラジオストック（海蔘威）に着くと、韓人の村があちこちに見えた。彼の喜びようは想像に難くない。しかし、彼が熱血男児であることを村人は誰も知らなかった。彼が愛国思想を宣伝しても、信じようとしなかった。無礼な者もいたし、ただ聞くだけで真剣に理解しようとしない者、あげくの果てはわざとことさら反対する者もいた。しかしながら、安重根はけっして怒らず、その気配すら見せなかった。ただ自分に誠意が足りないのでは、まだ努力に欠けているのではと自問するばかりだった。難関は少しも彼を動揺させなかった。水火も厭(いと)わず身を投げようと決した彼のことだ。その熱情に、鉄も石も感化されたのである。こうして彼は、（ようやく）一二人の同志を得た。彼らは各自指を切って血で「大韓独立」の四文字を大書して神に誓った。以来、同志の数は増えていった。安重根は彼らを各地に送って同胞を啓蒙した。彼は、雨の日も風の日も東奔西走した。教育こそ救国の急務だと、口を極めて訴えながら、年配者は教育事業に当たらせ、若者は学校で学ばせ、屈強な者は義勇軍に入隊させた。義勇軍入隊者数は実に、一年で約三〇〇余名にも達した。

第九章　安重根、国民を勉励し団合（団結）を訴える

安重根が血を吐くような熱意をこめて同胞たちに訴えたのは団結だった。国というのは多くの人が集まってできた最大の団体だ。人々が国を自分の命のように考え、ちょうど手足が頭と瞳を守るように心と力を集めてこそ国は成立し、国民も生きていける。もし人々が国に対する責任を忘れ、ばらばらの砂のように気持ちが分散するなら、その国は滅び、国民も苦しむことになる。これはあまりにも明白な真理であって、誰にでもわかることだ。それでも国と民族の滅亡ということがしばしば見られるのはなぜか。それは何よりも、その国の人々の心の固有のものであるが、社会の悪習により失われもし、また私利私欲によって失われたりする。そうなると、互いに愛し合うことも助け合うこともできなくなり、生活をともにすることができず、ついには互いに傷つけたり、殺し合いをして共倒れしてしまう。それゆえ、国を救おうとする者はまず人の心を救わねばならない。

安重根は過激な行動を実践しようとした人ではあったが、同時に救国の根本についても、当然研究を怠らなかった。彼は『大韓毎日申報』（『海潮新聞』の誤り）に手紙を送って国民を激励したが、その要旨は次のとおりである。

「修身斉家治国は人間の大本であります。体と四肢が相合わさって身体となり、家族のめいめいが相合わさって一つの家族となり、国と国民が相合わさって国家となるというのは同じ理屈であります。今日わが国が敗れて、このありさまになったのは、ほかでもなく国と国民がかけ離れて団結し

なかったからです。団結できない病根はその傲慢さにあり、あれこれの欠陥はみなそこから生じています。自分より立派な人を妬み、そうでない人を蔑み、自分と同等な人とは争い、人より上位に立とうとばかりして人の下に身を置こうとしないから、これでどうして団結ができましょうか。傲慢の病を治すには謙虚であらねばなりません。自らを低めて他人を尊重し、自らの過ちはきびしく責めて他人の過ちには寛大に対処し、自らの手柄を他人に譲るなら、どうして団結できないわけがありましょう。

昔ある王様が息子たちに向かって鞭を一本ずつ与えて折らせてみたところ、息子たちは各々たやすく折りました。王は次に、鞭を束にして与えて折らせてみたところ、息子の誰一人それを折ることができませんでした。王は息子たちに『これ、私の言うことをよく聞け。お前たちが別々に心を抱いておれば、必ず人に折られてしまうであろうが、もし心を一つにして団結さえすれば、おそらく如何なる者もお前たちを追い出そうとは考えないであろう』と言ったと言います。

われわれも当然、この言葉を覚えていなければなりません。今日わが民族は心がばらばらで一つになっていなくて、国土と国権を他人に奪われてしまいました。力を合わせて外勢に反抗するどころか、かえって内政を外敵に任せ外敵の操り人形になってしまい、わが忠実で善良なる人士を殺害する者さえいるというのだから、こんな民族は滅ばないはずがありません。ここまで考えると恨み骨髄に達します。これは傲慢病が蔓延したからです。この病根をなくすには団結を心から守るべきです。父は子を教え、兄は弟を励まし、全国民が強く団結して光復（独立解放）のために、大極旗を高く掲げて家族親戚と独立館（独立の場）で会い、大韓帝国独立万歳を叫んで六大州（朝鮮半島）

に轟かせるのが私の願いであります。貴社もまた、この精神でわが国民を鼓舞激励してください。つまらない人間、重根の願いとはただこれだけです」

この手紙で、人々は彼の精神に心から感嘆した。「安重根は男のなかの男だ。いつかきっと天地をゆるがす大事を成し遂げるであろう」と口々に称えた。

第十章　安重根の義挙

一九〇九年六月、安重根は同志たちに義挙の意志を告げながら次のように語った。

「われわれは久しい以前から国のために命を捧げる決意をしてきました。昔、文天祥は郷兵八〇〇名を率いて元軍と闘ったし、趙憲（一五四四～九二。李朝時代の義士で工曹佐郎を努めた。壬辰倭乱＝文禄の役で義兵を起こして忠清北道清州を取り戻し、忠清南道の錦山の戦闘で戦死）は儒生（知識人、両班）七〇〇名を引き連れて日本兵と立ち向かいました。忠義志士は緊迫した局面にぶつかったとき、けっして成功の如何、利益の如何をあらかじめ打算して立ち上がったのではありません。今日わが韓国は腐敗し、衰弱の極に達していますが、全国津々浦々に義兵が決起して素手でもって、銃剣で武装した敵と闘っており、死をも恐れていません。まことにわが国民は元来忠義の心が強いということがわかります。今日われわれは人口はたとえ少なくとも、死を覚悟して勇敢に闘って敵の出鼻を挫くなら、全国の義兵は大いに鼓舞され、当然呼応する人々の数も増えるでしょう。成功の如何は天にかかっていますが、他国を滅ぼそうとする者が民族を抹殺する政策を取っている以上、われわれが

たとえ敵の奴隷として卑屈な生き方を選んだとしても生きること自体かないません。奴隷になって死ぬくらいなら、敵と闘って死んだほうがましです。いずれにしろ死ぬのであってみれば、正義のために闘って死ぬべきであります。死を覚悟する者は私について来なさい、そうでない者はこの場から去ってください」

話が終わると、満場から拍手が起きた。

こうして安重根の部隊はロシア領を発って咸鏡北道の慶興郡（キョンフン）に入った。そこで日本人を襲撃し、三度の交戦で五〇人の敵を倒し、続いてやはり咸鏡北道の会寧郡（フェリョン）へ進出した。会寧郡は川向こうは中国とロシアを望む険しい地形の要害の地で、そのうえ住民の性質も強靱だった。壬辰倭乱のとき、加藤清正（一五六二〜一六一一。豊臣秀吉に仕えた武将で日本軍の先発隊として朝鮮半島を荒らし回ったあげく、一五九八年に撤退）がこの地にまでやって来て、義兵に撃破された。それを記した「七義士大捷碑」が会寧にあったが、後にこの碑は日本へ奪い去られた（碑の正式名は「北関大捷碑」で、二〇〇五年まで靖国神社にあったが、その後韓国を経て、二〇〇六年に北朝鮮に返還された）。

一九〇四年の日露戦争のときも、日本人はこの会寧で義兵に殺されることしばしばであった。そのために日本人はここに保塁を築き、兵営を多く設け、厳重な警備を怠らなかった。

そこへわが韓軍が突然襲ったのだから、彼らの驚きは尋常一様ではなかった。各地の駐屯兵に急電を打ち、こうして集った計五〇〇〇の増援部隊がわが軍めがけ猛射撃を加えてきた。

安重根は敵軍と半日闘って多くを撃ち殺したが、いかんせんわが韓軍には後方の応援がなかった。次第に敵側が優勢となっていった。それに天候も怪しくなって雨となり、戦士らは空腹で意気消沈

した。弾丸も尽きて部隊は敗走するしかなかった。

安重根についてきた戦士はたったの二人にすぎなかった。山道は険しくて霧も濃く、追手がぴたりとついてくるため、人家に泊まるわけにもいかなかった。彼らは昼間は林に潜み、夜には山道を歩いた。五日間に一度の食事もできなかった。ある夕刻、安重根は他の二人を山に残し、一人で村に降りて食糧を得ようと試みた。

（人家の）明かりを頼りにして麓へ降りていく道すがら、不意に敵軍に見つかった。敵との距離はほとんどない。敵は銃を三発放ったが、彼はすばやく身をくらまし、安全な所へ逃れることができた。

三人はふたたび数里の道を歩き、何とか宿で眠ることができた。安重根についてきた二人は疲労の極致に達して顔が真っ青だったが、一人安重根だけは意気揚々、泰然としていた。

翌朝、彼は他の二人にこう言った。

「人間は正義のために生き、正義のために死なねばなりません。われわれは国のため、すべての力を捧げてこうして正義のために死ぬのですから、何の心残りもありません。これからは肉体で人間世界のために働くことはできなくなりましたが、魂で天国の偉業に尽くすことはできるのではありませんか」

彼は二人に洗礼を与えて一緒に祈った。

その夜、彼らはふたたび出発した。疲れ切って足を運ぶのもままならなかったが、それでも意地で歩いた。安重根は山を降りて藁葺き屋根の家を一軒見つけると、戸を叩いた。主人は盗賊かと思

って警戒した。しかし安重根は落ち着き払って身分を明かして主人を安心させ、やっと一握りの食糧を得た。そのうえロシア領への道まで訊いてから山へ戻った。

一つの碗の飯を分け合って食べた三人は、やがてロシア領へと向かって歩き出した。計一三日間で飯といえば二食ほどしか口にできなかった。雨露で全身ずぶ濡れとなり、野宿したので露に打たれて衣服もボロボロになった。すっかり痩せこけて骨だけとなり、これが人間の体かと思えるほどになった。

しかし安重根は少しもへこたれなかった。彼はそれからも各地を駆けずり回って同志を募り、後日ふたたび決起するための準備を進めた。

このときより、ウラジオストック（海蔘威）一帯の韓国人は彼の勇敢さに感服して誰もが彼をほめ称えながら、その後の彼の偉業達成に期待をかけるようになった。

第十一章　伊藤博文、（大韓帝国の）陸軍部を廃し、司法権を奪取

一九〇五年の韓国統監府設置以来、一九〇九年まで、伊藤博文は五年間統監を務めたが、その間ずっと韓国併合の策を練り続けた。その具体例として、慶尚南道鎮海（チネ）・咸鏡南道永興（ヨンフン）の二港の占領、東洋拓殖会社（一九〇八年、日本が韓国経済独占を狙って設けたいわゆる半官半民の国策会社。日本政府は毎年三〇〇万円の資金を同社に投資した。目的は韓国の土地開墾、日本人の移民にあった）の設置、各営軍隊の解散、一〇〇〇万円の貸金で私欲を肥やしたこと（伊藤は韓国の農商業の発展という口実の下に、韓国政

府に海関税を担保に日本興業会社から一〇〇〇万円の資金を得よと勧めた。この金は主に各官庁の修理、水道の設置、道路の測量、それに日本人官吏、顧問、警察、労働者の貸金の支払いに充てられた）などがある。このほかにも、官吏を勝手に辞めさせたり、任命したりして自分たちの勢力拡張を図ったこと、新聞押収、言論機関封鎖、教科書改竄を通じ、韓国人の国家観念を麻痺させようとしたこと、軍人による臣民の虐殺を黙認したことなど、その例は挙げればきりがない。

そうしておいて伊藤は、教育という名目の下に、韓国の皇太子を東京へ連れて行った（一九〇七年一二月、彼は皇太子・李垠（イウン）をこのように人質扱いした。李垠は高宗の三男で当時一一歳。後に日本の皇族と結婚させられ、日韓親善のシンボルにされる）。かつ統監代理としては曾禰荒助（一八四九〜一九一〇。フランス留学後、フランス、スペイン、ポルトガル公使、さらに法相、農商務相、蔵相を務める。韓国副統監から一九〇九年六月伊藤の辞任を受けて統監となる）を推薦した。伊藤はまた、各部の顧問をみな解任し、各部の協弁を次官と改称してこれらの官職にはすべて日本人を任命した。

一三道の高級事務官もすべて日本人で充当した。さらに韓国人巡査二五〇〇人を免職して代わりに日本人を採用した。陸軍部と司法部も撤廃した。

伊藤は急ぎ韓国に舞い戻るや、李完用を呼びつけて条約を結び、韓国に残っている守備隊の管轄を日本の陸軍司令部に任せ、司法権を日本のものにするために統監府に司法部を設けて韓国人を日本人発布の刑法に従うようにし向け、韓国の刑律（李朝時代の刑法）はここに完全に廃止された。全国の法官はすべて日本人に代わった。条約は次のとおりだ。

日本国政府と韓国政府は韓国の司法及び監獄事務を改善し、韓国民と韓国にいる外国臣民及び人民の生命財産を確実に保護し、韓国の財政基礎を堅固にするために次のような条項を約定する。

第一条　韓国の司法および監獄事務が完備されたと認められるまで、韓国政府は司法及び監獄事務を日本国政府に委託する。

第二条　日本政府は一定の資格を有する日本人と韓国人を在韓国日本裁判所及び監獄の官吏に採用する。

第三条　在韓国日本裁判所の協約もしくは法令に、外国にいる韓国臣民については韓国法規を適用すると特別に規定すること。

第四条　韓国の地方官庁及び官吏は各々職務に従い、司法および監獄事務について在韓日本該当官庁の指揮・命令及び補助を受けること。

第五条　日本国政府は韓国の司法および監獄に関係する一切の経費を負担する。

（この条約の名称は、韓国司法および監獄事務委任に関する備忘録という）

第十二章　伊藤博文の満洲視察

一九〇九年一〇月、伊藤博文は満洲視察の途についた。

骨ばかりの白髪の老人が吹雪を突いて、海越え山越えしながらも、それを苦としなかったのはな

ぜか。それは世界各国が注視していたからだ。満洲に赴きながら彼は、今度の旅行が政治的性格を帯びないただの旅行であると述べた。しかし日本の新聞は、それを満洲経営の第一歩だと書きたてたし、世界各国では、日本人は米国が満洲新協約（一九〇七年七月三〇日、ロシアのサンクトペテルブルクで結ばれた第一次日露協定および第一次日露密約。満洲に南北境界線を引いて日露の勢力圏を定めた）に反対するのを恐れ、伊藤の今度の調査を通じて弁明する口実を得ようとしているのだと考えていた。しかしこれらはすべて、いまだ彼の真の姿を知らずになされた見解ばかりだった。

伊藤の死後、大々的に伝えられたところによると、当時の彼の目的は関東都督府（一九〇五年九月のポーツマス条約で日本はロシアから旅順、大連を含む遼東半島の租借権を譲り受け、翌年七月三一日、旅順に関東総督府を設けて一〇月一八日、それを関東都督府と改称した）の撤廃と、韓国統監の権力の満洲への拡張にあった。彼は満洲の次には中国の内政を監督するため、中国に統監を置いて同国の財政事務を見るべきだと主張したという。

彼はロシアの大臣と満洲問題を話し合ってから各国の密使や代表と会い、中国の財政監督についての談判をし、そこで彼自らその統監を務めようと狙っていたということになる。その野心たるや実に恐ろしい。

彼が韓国統監だけに飽きたらず、中国の財政まで監督しようと身を乗り出したのであるから、中国にも危機が忍び寄ってきたと言わざるをえない。伊藤の死後、内閣総理大臣の桂太郎（一八四七〜一九一三。陸軍大将、陸軍大臣、首相を歴任。一八九四年の日清戦争では第三師団長、戦後は台湾総督）は、「私は必ず伊藤公の遺志を継ぐ」と言っている。彼らが後に、韓国を併合して満洲経営を行ったのはす

べて、伊藤の書いた筋書きどおりだったのだ。

伊藤は部下とともに軍艦で大連に赴き、日露戦争によって亡くなった戦死者を追悼した。

月明かりのある夜、彼は軍艦上から海を眺めて、

「私が立てた手柄は、当初思ってもみなかったものだった。大きな功名を遂げたのだから死んでも心残りはないが、わが国民は心が狭く、傲慢で、各国の人たちから歓迎されないだろう」と嘆いたという。

そうしてロシアの大臣とハルビン（哈爾濱、哈尔滨）で交渉の席につく約束をしたのだ。

韓国の義士・安重根はこの知らせに接し、「千載一遇の好機到来」とばかりに膝を打ち、すっくと立ち上がった。

第十三章　安重根の活動

安重根は同志の禹徳淳を訪ねて、こう言った。

「今日の新聞を見て、伊藤博文が満洲に行くことを知った。奴はわれわれの三千里疆土（きょうど）（朝鮮全域）を奪い、わが二千万同胞を惨殺してもまだ飽き足りず、大陸にまで進出して四億人民を死の淵に放り込もうとしている。奴はわれわれの不倶戴天の敵であるばかりか、世界と人間の道義の大賊である。私はずっと前から奴を殺して国の仇を討とうとしたが、機会が得られずにこれまでずっと耐えてきた。今日その機会ができたのは、天が私の手を借りて奴を倒そうということなのだ。共に征か

ないか」

禹徳淳も喜んで「それはやはり私の久しい願いだった」と応えて安重根に同行することになった。

彼らは吉林（吉林省のこと。劉東夏が住んでいた綏芬河は、当時同省に属していた）の劉東夏（ユドンハ）・曺道先（チョドソン）の所へ行き、企ての次第を話した。すると両人とも賛成し、ハルビンまで同行した。

ある夜更け、旅館の灯下で、安重根は悲憤を抑えきれず歌を作った。

丈夫がこの世に処すれば、その志は大なり
時代が英雄をつくり、英雄が時代をつくる
天下を雄視し、いつの日か業を成さん
朔風（北風）はしばらく寒く、壮士の義、熱からん
憤慨はひとたび過ぎれば、必ずや目的を成し遂げん
鼠賊の伊藤と、この命、いかに比べようぞ
ここに至るは、時勢の然らしむるところ
同胞よ速やかに、大業を成し遂げよ
万歳万歳、大韓独立、万歳万歳、大韓同胞

これに対して禹徳淳は次の歌で応じた。

出会おうぞ、出会おうぞ
憎き仇に出会おうぞ
憎き仇に会いに
水陸何万里を駆けて来たことか
あるときは火車（汽車）に乗り
あるときは外輪船に乗り
座ろうと立とうと　神様に
祈りを捧げ続けた
見守りください　見守りください
神様よ　見守りください
東の半島　大韓国を
わが願いどおりお救いください
ああ、凶悪な老いぼれ盗人よ
わが同胞を惨殺し
わが領土を奪い
また何の野心ゆえここまで来るのか
わが手にかかって死にたいとやって来るようだ

次の日、安重根は禹徳淳・曺道先らとともに寛城子（当時の駅名で長春から北への最初の駅。現在は長春市の一区域となり寛城区という。当時、安重根たち三人は三岔河もしくは三叉河駅までの切符を買い、三岔河の一つ手前の蔡家溝駅で降りたのだが、一部の新聞には寛城子駅に降りたと書かれた）に出かけて伊藤の到着日時を調べ、他の二人を寛城子に残したままハルビンに単身で向かい、そこで伊藤を待った。

伊藤博文はしばしば、「酔えば美女の膝を枕にして眠り、目覚めれば天下の権を掴む」と自慢げに語っていた。この放言が世にあまねく知られていたことからすると、彼もまた豪傑だったと言えよう。だがもし彼が、その言葉通り美女の膝枕で死んだなら、後世の人は彼をただの平凡な宰相だと言ってしまっただろう。ところが安重根の手にかかって没することによって、彼はいっそう有名になったのだから、考えてみれば、彼がハルビンに向かったのは、おそらく天が彼の最期を定めたからであったかも知れない。

第十四章　安重根の伊藤博文狙撃

伊藤博文は一〇月二五日、寛城子に一泊し、翌朝ロシア鉄道局が出した歓迎の特別列車に乗って、午前九時にハルビン駅に到着した。駅前はロシア警衛兵数千名、各国領事団および観光団体、それに見物人たちが立ち並んでいた。軍楽隊の演奏が続き、祝砲の音が鳴り止まなかった。

伊藤は列車から降りると、ロシアの大臣と握手し、軍隊の敬礼を受けて各国領事が立ち並んでいる所へゆっくり足を運んだ。一方、洋服のなかに拳銃を隠し持って、ロシア軍隊の後ろに立って機

会を窺っていた安重根は、伊藤との距離が一〇歩ほどになったとき、いきなり数歩前に出て彼めがけて拳銃を撃った。最初の一発が伊藤の胸に命中したが、銃声は祝砲に混じって、当初、人々は何が何だかわけがわからなかった。二発目は肋骨に命中した。軍警と歓迎団員たちがやっと事態に気づいて逃げ出すと、そこへ安重根がすっと姿を現した。伊藤は彼を指さし、「馬鹿めが」と叫んだ。三発目は腹部に命中した。伊藤はどっと地面に倒れた。安重根はさらに日本人領事の川上、秘書官の森に、そして（南満洲）鉄道総裁である田中の三人を撃ち倒した。続けざまに六発を放って一発も外れなかったのだから、その射撃の腕前たるや大したものだ。その胆力と射撃術が如何に凄かったかは、想像に余りあるだろう。数千もいた軍隊はあっというまに霧散し、あえて近づこうとする者はいなかった。憲兵や将校らもただ互いの顔を見つめ合っているばかりだった。やがて弾丸が尽きたと見るや、軍人たちはやっと集まり、安重根の拳銃を奪って憲兵に渡した。安重根はロシア語で「ウラー、カレーイ」（韓国民族万歳、大韓独立万歳）を三回唱えた後に、逮捕された。

（それでも）彼は自ら手を打ちながら大声をあげて平然と笑った。

「私が逃げるとでも思うのか。逃げるならそもそもこんな死に場所へやってこなかった」

彼はハルビン市のロシアの裁判所へ連行された。

ああ、ここで安重根の世界的な偉大さがよくわかる。もし、伊藤を狙撃するような愛国心に燃えた熱血漢がいて同じことをしたとしても、伊藤狙撃後のあの名高い叫びや、ロシア兵に捕まったときの安重根のような豪快な笑いにはとうてい及ばないだろう。敵を倒すにはまず順序通り頭目からという言葉どおり、彼は順序を辿って任務を遂行し、弾丸がなくなると射撃を止めた。使命を終え

た以上はもう命は惜しくない。数十年にわたる自己の修養なしには、ここまで従容（しょうよう）とした態度はとれないものだ。ある者が、彼の性格は捕えどころないと言ったというが、右のことから推して、その言葉は信じるに足りない。

伊藤は一〇分も待たずに死した。死体は列車で大連湾に運ばれた。

安重根はロシア裁判官の質問にこう答えている。

「私は大韓国民だ。伊藤の奴がわれわれの独立を強奪し、わが民族を殺戮したのだから、私のこの行動はわが独立を回復してわが民族を保護し、骨髄に達する恨みを晴らすためのものだ」

この言葉が広く伝わると、人々は誰もが感動し、口々に「韓国にも人材がいるのだ」と言って喝采した。あるロシア人写真家は、彼の狙撃の場面を撮って世界的な出来事だと言ったが、日本人のある者がその写真を六〇〇〇円で買って隠してしまったという。

日本の各紙は、安重根の義挙をただ彼個人の恨みから出たものといって誹謗した。全世界の耳目を掌（てのひら）で覆おうというのだから、とんでもない。

第十五章　家族及び志士ら、禍いに遭う

これより先禹徳淳、曺道先の両人は寛城子に残って伊藤博文のやってくるのを待っていた。ロシア憲兵は二人の動きを不審に思い、食堂の主人に彼らが外出できぬようにせよと命じた。そうして事件発生後に、彼らを逮捕した。

日本政府は安重根と関連者を手渡してほしいと申し出、ロシア側の承諾を得た。こうしてハルビンにいた韓国人九名を逮捕し、四日間の尋問を経て旅順に護送した。安重根の妻と子どももハルビンで逮捕され、二人の弟も平安南道の鎮南浦で捕まった後、きびしい尋問と虐待を受けた。あげくの果て、親戚にまで捜索の手が伸びた。

安重根の母親・趙氏は平壌のカトリック教会にいたが、そこへも警察がやってきた。「あなたの息子が伊藤公を殺害して両国に大きな害を及ぼした。これはそちらの教育の不行き届きのせいであるから、あなたにも罪がないとはいえない」と言っていいがかりをつける警察に、母親は、

「息子が外でしたことを私が知る由もないが、国のために死ぬのは国民の使命だ。私の息子が国のために死ぬなら私も息子について死ぬであろうし、また死を喜びとしよう」

と、毅然として答えた。日本の警察はそれ以上、二の句が告げずに帰った。

この様子を目の当たりにした人たちは、安重根の母親もまた義侠心ある女性だと感嘆した。そして「偉大な母があってこそ偉大な息子がいるものだ」と称えた。

この頃、西北人士、たとえば李甲、安昌浩、李鍾浩、金明濬（キムミョンチュン）たちは遠くにいて、事件に直接関わらなかった。そのことは多くの人の関知したところであり、日本人も誰もが知っている。それなのに日本当局は、関係者だとして彼らを逮捕し、西北学会の文書を没収して全員の動向をきびしく探っていった。韓国併合後に起こりうる彼ら憂国の志士たちの反抗を恐れたのだ。当時、少しでも不満を抱いた西北人士は、何らかの口実の下に反日派として逮捕されたものだ。事件発生後、安重根の出身地が西北であることに目をつけた日本は、この機に西北人士の一網打尽を狙って、多くの

人を事件に無理やり関連づけて殺そうとした。しかしそもそも証拠がないため、何カ月も無駄にするしかなかった。ある人が「その人たちはみな韓国の高名な人たちです。罪なき者を殺せばただ韓国の人たちの世論と憤慨を買うのみで、益することはありません。しばらく釈放してきびしい監視下に置いて統制することによって、われわれの仕事の邪魔をしないようにするのが得策でしょう」と助言を与えると、憲兵大将はやっと同意して彼らを釈放した。とはいっても彼らに対する監視は獄中にあるときと何ら変わらず、ついに李甲、安昌浩、李鍾浩の三人は海外へ亡命することで難を逃れた。

一般の人々もしばしば災いをこうむった。日本人は韓国人の動静をそっと窺いながら、安重根の事件を他に知らせようとする者を見つけては、容赦なく引っ捕え罪を被(かぶ)せた。何も言わぬ者にまで、「お前は安重根のしたことを正しいと思うか、間違いと思うか」と問い詰めた。

こうして韓国人は言葉を発しても発しなくても、おしなべて罪を被せられた。（平安北道）義州(ウィジュ)に住むある老人が、「太極旗が地に落ちたとき、天から星が七つも落ちてきてそれを拾って天に舞い戻るという夢を見たことがあるが、安応七が伊藤を実際にやっつけるとは」と近所の人に話したところ、日本人スパイに盗み聞きされ、老人は逮捕、処罰されたという。韓国人は夢の話をしただけでも罪人にされたのだ。

しかし天理は消えず、人心は生きている。この国の青少年たちのなかにはひそかに、たとえ喪に服さなくとも、安重根を師と仰ぎ、追悼する者が少なくなかった。

第十六章　日本の対策と安重根の態度

安重根の事件を機に日本全国に驚きが走り、世論が沸いた。ことは元老を一人失ったという哀しみにとどまらなかった。日本人はずっと伊藤博文の政策が韓国に有益で韓国人に受け容れられており、それに反抗する者などいないと信じてきた。そのように新聞も書き、演説もなされてきた。ところが何と、事件により伊藤の強奪行為と韓国人の真の気持ちが表面に出たから、その驚きと面目なさは並大抵ではなかった。それだけでなく世界の人々は安重根をこのうえなく義侠心溢れた志士と思うようになり、韓国人が正しいという声を上げる一方で、日本人は間違っていると言いだした。このことが、また日本人が安重根憎しと考える原因となった。

そこで日本政府は、安重根の意気を挫き、彼を屈服させようと画策した。最初のうち、安重根の行動を個人的動機や私利私欲によるものと宣伝していたが、それだけでは真相を覆い隠すことができないと見るや、裁判所の官吏に命令したり、脅迫したり、はたまた金で誘惑したりしながら、何とか「誤解による事件」という結論を引き出そうとした。

実に多くの計略が行われた。もしも安重根の決断が弱くて一言半句でも妥協したり、曖昧な言葉を吐けば、間違いなく計略に引っかかったはずだ。いわば、世界を揺るがしたハルビンの偉業がすっかり罠にはまってしまったはずだ。そうなると日本人はかつての旅順港での勝利のときのように凱歌を謳い、老若男女を問わず、喜び浮かれたことであろう。安重根の立場はまことに危ういもの

となった。

日本人が韓国併合に用いた欺瞞策は見事に成功したが、かといってそれを安重根に対しても用いようとするのはとんでもないことだった。

日本人は彼と関係者を旅順監獄に閉じ込めてからというもの、鉄鎖を嵌めてありとあらゆる虐待を行った。これに対し安重根は、「私は義兵長であるから、貴国の高官と同じ待遇を受けて然るべきだ。それなのにどうしてこんな乱暴な扱いをするのか」と叱責した。

日本の検事は監獄で毎日強引な尋問をし、いまにも殺さんばかりの勢いで脅迫したが、安重根はまったく動じなかった。むしろ抗弁するその口調が鋭く、相手が震え上がるほどだった。安重根の堂々たる態度に気押された検事は「無理に屈服させようとしても駄目だ」と考え、彼の鉄鎖を解き、今度は韓国語の通訳を通じた甘言で彼を落としにかかった。おいしい食事ばかりか紙、筆、書物まで与え、何とか彼の機嫌を取ろうとした。すると安重根は、これ幸いとばかりに伊藤の一三（本来、安重根は一五カ条を挙げている）の罪悪を書きつけた。

一、大韓独立を破壊したこと。
二、明成皇后を弑したこと。
三、太皇帝（高宗。名は李熙、一八五二〜一九一九。韓国併合後は徳寿宮李太王に冊封される。一九一九年一月二二日、毒殺の説がある）を廃位させたこと。
四、五条約を強制的に結ばせたこと。

五、七条約を強制的に結ばせたこと。

六、教科書を焼却したこと（七条約締結後、日本は韓国の経済・軍事・内政・外交など一切の権利を掌握、多くの学校・新聞社を潰しては書物・教科書を焼き払った。焼却図書は『初等本国歴史地誌』『中等本国歴史地誌』『東国史略』『大韓歴史』『大韓地誌』『李舜臣伝』『飲冰室文集』『越南亡国史』『米国独立史』など三〇余種数十万巻に達する）。

七、新聞・雑誌を禁じたこと（発禁新聞は『共立新報』『京郷新聞』『合成新報』など。買収されたのは『皇城新聞』『帝国新聞』『大韓民報』『大韓毎日申報』など。発禁雑誌は『少年』『西北学会月報』『宝城校友』『赤衫報』など）。

八、司法権を奪ったこと（「韓国司法および監獄事務委任に関する備忘録」を強制的に締結した後、日本は韓国の司法権を完全に掌握し、日本の法で韓国人に判決を下した）。

九、軍隊を解散させたこと（一九〇七年八月一日、伊藤は駐韓日本軍司令官・長谷川好道と結託して偽りの皇命を宣布し、韓国軍を解散させたこと）。

一〇、無実の平民を殺害したと。

一一、世界の耳目を欺いたこと。

一二、一〇〇〇万円の国債を募集したこと。

一三、東洋の平和を乱したこと。

以上の各項目ごとに膨大な説明が付されてあったが、その公表を恐れる日本側はそれらを秘匿し

てしまった。

第十七章　日本の巧みな誘引策

日本の対韓政策はすべて欺瞞策から発している。韓国併合前後に彼らが宣言したことは、韓国の独立保全、韓国政治への助言、皇室の尊厳維持、韓国の富強増進、民衆の福祉増進、韓国の軍事制度の改善、商工実業の発展など挙げればきりがない。韓国人は耳にタコができるくらい聞かされたが、すべて偽りだった。この欺瞞策をいま、安重根に対して用いようというのである。境喜明と園木次郎（園木末喜の誤りか）の二人は長く韓国にいたので韓国語がよくできた。彼らはしばしば、安重根を骨抜きにしようと監獄へやって来た。

「あなたには才能があり、前途有望の身なのに、ここで自ら命を捨てるというのは本当に残念なことです。そもそも何の理由で事を起こしたかにかかわらず、今日誤解のせいだったと自白しさえすれば、わが日本政府は必ず、あなたの志を重んじ、あなたの才能を尊び、特別に赦して釈放してくれます。そうすれば出世もし、功を成すこともできましょう。なのに、どうしてこんなに意地を張るのですか」

安重根は笑って答えた。

「生を望み、死を憎むのは人の常だが、もし私にただ漫然と生きたい気持ちがあったとすれば、あんなことをどうしてしただろう。私はハルビンで伊藤を銃撃したとき、すでに死を決意したし、ま

た、この監獄に来て今日まで生きていること自体が意外な思いだ。私は生きようとする気持ちはないから、お前たちは私をおびき寄せようとするな」

相手の二人は失望した表情で帰っていったが、翌日またやってきた。

「事件後、世界中の新聞があなたの行動を無知で非常識だと非難している。二〇〇〇万韓国人の誰もが『伊藤は韓国の発展に手を貸してくれた人だ。その彼の殺害は韓国を敵とすることであって伊藤を敵とすることでない。伊藤が死ねばもう偉人はいない。国の将来が心配だ』とあなたを恨んでいる。内では韓国人、外では各国の国民があなたの行為が間違っていると非難しているというのに、この期に及んで意地を張って屈服しないとは何ごとだ。いくら頑張ったからといっても、天下の公論には勝てない」

すると、安重根は真剣になってこう応じた。

「私の行為は正義のためであって、名誉のためではない。命と名誉のどちらが重いか。命が惜しくない以上、名誉を重んじて何になる。私は正義のため、国に忠誠を尽くすのであり、正義のため命を投げ出すのだ。他人が私の名誉を汚すからといって、それが私と何の関わりがあろうか。私は何カ月も獄中にあって世論も耳にできず、新聞も読めなかったが、わが大韓同胞はけっして私を叱責することはないと信じている。西洋の新聞についてはよく知らないが、もし私を非難する者がいるとすれば、その行為は野心から出たものであろう。西洋は長い間、われわれ東洋人同士相争う隙に乗じて漁夫の利を得ようと狙ってきた。もし、伊藤が生きて己の欲を満たそうとしたなら東洋には平和な日はなくなり、それは西洋に絶好の機会を与えることになる。いまや伊藤がこの手で殺され、

悪人の頭目が一人いなくなったのだから、東洋が西洋につけこまれる機会は少なくなった。そんな理由で西洋人があるいは私を非難することがあるやもしれない。だが、韓国人が私を責めるというのが真っ赤な嘘であるなら、西洋人が私を責めるというのもやはり信じられない」

ある日、検事が尋ねた。

「同志は何人いるのか」

安重根は笑って答えた。

「もし私の同志を告発すれば、わが国への損害も損害だが、日本の損害は当然もっと大きなものになるだろう」

「損害とは何を指して言うのか」

「私の同志は恐らく一万を超すが、もし日本が彼らをみな逮捕すれば監獄は一〇〇〇以上建てなければならないし、裁判官も一〇〇〇人以上必要になる。日に一〇人ずつ裁判にかけるとしても一〇〇年はかかるであろう。すると財政も、大いに金を使うことになって、その損害は並々ならぬものになるであろう」

検事はあえてこれ以上何も言い返せなかった。

第十八章　二人の弟と面会

二人の弟は鎮南浦（チンナムポ）（平安北道、現鎮浦。大同江が黄海へ注ぐ港）で数日間拘禁されたが、証拠なしと

いうことで釈放された。彼らは兄との面会のために旅順へ向かった。途中、仁川港で日本の警察に拘留され、尋問を受けた。少しでも強い口調で答えると、警察は殴ったり蹴ったりした。いくら尋問したところで、怪しいところがまったくなく、二人は釈放され、ふたたび出発したが、二人の警官の尾行がついた。旅順に着いてからもさらに逮捕され、裁判所で数日間の尋問を受けてから、やっと面会が許された。しかし面会場所では、検事・典獄・通訳・看守長らと二人の看守が監視していたため、せかせかして気持ちが落ち着かず、あいさつ程度の言葉しかかけられなかった。

検事の溝淵孝雄が弟たちに言った。

「お前たちも兄の死は望まないであろう。もし、誤解によるものだったと自白しさえすれば、罪を軽くしてやることができるのだが、お前たちの兄ときたら、そんなふうに考えないで、かえって激しい言葉で反抗ばかりしている。本当に意固地で困る。そこでだ、お前たちからも何とかなだめて改心させてみなさい」

弟たちはまもなく公判が始まるので法による弁護士を頼むといって、裁判所の許可をもらった。この知らせに、在露と在米の韓国人はこぞって義捐金を集め、イギリス・ロシア・スペインなどから弁護士を招き、旅順で公判を待つようにした。しかし検事は安重根に韓国人弁護士をつけるように勧めた。

安重根は弟たちに向かって言った。

「すでに死を決したこの身に何の弁護が必要であろうか。しかしながら、同胞たちに、私の日頃の主義やこのたびの義挙の理由を知らせようとすれば、本国の弁護士を頼むのがいいようだ。私のた

めに外国の弁護士まで来てくれたが、韓国の弁護士がいないとなると、これまた国の恥ではないか」

しかし、日本人の言葉はけっして真に受けてはならないのだ。念のため弟たちは、何度も申請してやっと許可を貰い、韓国弁護士会に電報を打った。すると案の定、これもやはり謀略であることがわかった。日本人は安重根には甘言を弄しても無駄だと知るや、韓国人弁護士を勧めておいて一見法律どおりと見せかけ、裏では密かに京城に電報を打って警察や官吏に韓国人弁護士を引き留めるように命じ、そのうえ、弟たちの打った電報を押収させた。こうしておいて弁護士が来ないのを見届けて、「韓国人弁護士を頼んだが、今日まで一人も来ない。これこそ韓国人があなたの行為に恨みを抱いている証拠だ」と欺けば、安重根は必ず失望して屈服するであろう……そう考えたのだ。

これが彼らの策略だった。彼らには、韓国人弁護士が危険を冒してやってこようとは思いもつかなかった。

第十九章　韓国人弁護士、血を吐く

弁護士の安秉瓚（アンビョンチャン）（一八五四〜一九二一。旧韓国政府法部主事を務めていたが、一九〇六年に反日義兵を起こし、検挙・投獄された。出獄後、弁護士を開業。三・一運動後、安東で大韓青年団を組織して独立運動を展開。上海に移って臨時政府法務次長になったが、イルクーツク派高麗共産党に加入、一九二二年一月、モスクワで開かれた極東諸民族大会に参加した後、ソビエト政権からの資金を携帯して上海に帰る途中、満洲里で殺された。炳瓚とも）は義州出身で法学を修め、平理院主事（一八九五年、議禁府が高等裁判所と改称され、九九年に

はさらに平理院と改称された。主事は局長クラスか）を務めていた。彼は、伊藤博文による保護条約の強制締結のとき、朴斉純（パクチェスン）、李完用（イワニョン）、李址鎔（イジヨン）らの処刑を求める上訴文に命を賭けて署名した人物だ。その頃、この条約に反対する者は誰も逮捕された。彼や張志淵（チャンジヨン）を含む六〇名は日本警察に逮捕され、数カ月後にやっと釈放された。その後、彼は平安北道の裁判所の検事になったが、「日本人の世の中にどうして宮仕えなどやれようか」と嘆き、官職を捨てて故郷に帰った。ほかになす術（すべ）もない彼は、弁護士を職にした。安重根の弁護を頼まれると、他の弁護士は怯え躊躇（ためら）ったが、彼は真っ先に進んで引き受けた。彼は日本語のわかる者を帯同して旅順に向かった。すると日本警察は慌てて駅に駆けつけ、彼の旅装を解かせ、行く手を遮った。安秉瓚は言った。

「私はただ法律に従って行動しているのに、なぜ止める。日本の警官たる者がこんな無法行為をするとは、日本に法律がないということだ。これは私に対するだけでなく、日本に対する侮辱でもある。法律というものがないのならいざ知らず、この世に法律がある以上こんなことは許されない」

日本の警察が論駁されて退くと、彼はふたたび出発の途についた。それでも三人の憲兵が付きまとい、彼らの泊まる旅館には見張りを立てた。これは身辺保護か監禁か。彼は旅順到着後、安重根との面会を申し出たが許されなかった。また、安重根の弟が手紙の送付を申し出たが、これも許されなかった。弟がそのわけを訊くと、検事はこう応えた。

「お前の兄は韓国人の弁護士が来たことを知れば、本国人の同情を得たものと考え、前にも増して言葉が過激になるであろう。もし面会を許せば、彼はきっと自分の主張を発表しようとするであろうし、ますます大胆になるであろう。だから許すわけにはいかないのだ」

公判日になると裁判所は、韓国人であろうと、外国人であろうと弁護士の弁護は許せないと言いだした。安秉瓚は質問した。

「韓国人の弁護士を呼べといっておいて、実際にやってくると駄目だというのはなぜか」

「日本では裁判のときには日本語以外は使わない。日本語のわからない者は許可できない」

それに対し安秉瓚はこう応えた。

「韓国人弁護士のなかには日本語のわかる者も大勢いる。すぐに電報を打ってここへ来させよう」

検事は返辞に詰まった。

安秉瓚は裁判長の真鍋に向かってきびしい口調で言った。

「日本はことごとにこんな無法ぶりで韓国人に対応するので、韓国人の怒りは日増しに大きくなっている。これから先、何千何万の安重根が出てくるのかわからないぞ！」

彼は旅館に戻ったとき、茶碗何杯分もの血を吐いて倒れ、数時間後にようやく意識を取り戻した。もしこのとき、二人の弟と安秉瓚が旅順に行かなかったなら、たとえ安重根がいくら闘ったとしても日本側は彼が屈服したという嘘をでっち上げて、世間の目をくらまそうとしたことであろう。安重根を弁護することはできなかったが、安秉瓚の行動は、公理を守り抜くという面で、その寄与するところが大きかった。

第二十章　日本、韓国皇帝に連座罪を被せようとする

伊藤博文が韓国統監となってからは、韓国の皇帝は完全に政権を失い、手足をがんじがらめにされた。朝廷の官吏には日本人が多く座り、護衛兵も日本人が務めた。一〇〇〇万両にのぼる（韓国）皇室の金銀宝物も日本に奪われた。彼らは妃のお付きの者を密かに賄賂で買収し、皇帝の動きを探らせ、些細なことでも見逃さなかった。四〇年以上も南面の君（君主の座）にあった皇帝は、ほとんど罪人と変わるところがなくなった。

彼らは韓国人が他国に亡命したり、地方で義兵を起こしたりすれば、いつでも皇帝を首謀者と決めつけてそうした噂を流そうとしていた。

（高宗の）廃位後、皇帝の周囲はいよいよわびしくなり、監視の目も次第にきびしくなっていった。王宮の外との連絡が途絶え、父子兄弟でさえ会うことができなくなったから、臣下の出入りするすきなどどこにあろうか。

日本側は安重根の事件発生後、ここぞとばかりに皇帝をそれに連座させようと試みた。境喜明が安重根にこう言った。

「事件の真相がわかったぞ。あなたが太皇帝（高宗）から四万円をもらい受けて伊藤公を殺したということが、くわしい調査でわかった。もう誰もだませないぞ」

「お前たちはこのうえなく凶悪で狡猾な連中だ。そんな嘘まで作りあげて私を陥れるだけでこと足

りず、わが太皇帝まで謀略で害そうとするとは。お前たちはいつもこの手でわが国の人々を思いもよらぬ落とし穴に追い込んできた。いま、私にもそのような罪を被せようとしているようだが、お笑い草だ。人間、生きていてこそ金銭も必要というもの。私は生き延びることを考えて伊藤を殺したのではなく、死ぬ決心をして殺したのだ。死んだ後で金銭が何の役に立つ。私が金銭のために死ぬとでも思うのか。愚かな手を使うのはよせ。これからはもうそんな汚い手口で私を脅してはならない」

このように怒りをぶつけるや、相手は困り果て、引き下がってしまった。

韓国皇帝は毎日黙々と日本の監視と制約のくびきのなかで過ごしていたが、内心、日本を敵視する気持ちは去らなかった。それだけに日本側は彼を反日分子の頭目と考え、うらみを抱き、あげくの果てには廃位後もまだ心配でならず、何とか口実を設けて皇帝を策略にかけようとしていた。

第二十一章　獄中時の従容たる態度

ハルビンにおける一撃は、あたかも天から下された青天の雷鳴（青天の霹靂）のように大地をゆるがし、安重根の大いなる叫び声は世界を震撼させた。

ところが旅順監獄で彼は、むしろ敬虔な気持ちで詩を詠んで過ごした。まるで生死を忘れたように、何ごともなかったかのようにだ。実に泰然自若としていた。

昼夜が入れ代わるように、人は一度生まれれば必ず死ぬ。したがって、死とはもともと悲痛と考

えるものでもないし、恐れることでもない。ただ肉体の瞬間的苦痛にすぎないのだ。その死がもし、仮にも死ぬところを得た死であるなら仁を成したであろう。それは大いなる幸福である。

しかし人間の心というものは、いざというときに少しでも狂いが生じると、いっぺんに変わってしまうことがある。ありとあらゆる非難と称賛、栄誉と恥辱、または利害により心変わりすることはよくあることだ。まして死を間近に控えたときに、心を強く守り抜くことは如何に難しいことか。

昔、文天祥が元の首都・燕京の監獄に三年間いたとき、王炎午（宋の太学生。太学は宋の官吏養成の教育機関だった。王炎午は南宋の首都臨安の陥落後、文天祥の部下となる）は、文天祥の生前にすぐに生祭文（生前に業績を称えて祀る文章）を作って彼を激励した。文公のような偉人の場合でも危機にあるときには、彼を愛する者たちが何とか人としての節を守るようにと、こうして励ましたくらいなのだから、節操を守り抜くことがいかに難しいかがよくわかる。

古代の聖人は、忠臣義士と乱臣賊子とは僅か一念の違いと教えている。時代の空気を読めないで志をしっかり持ち続けられないと、人はこの一念の差により舜になったり蹠になったり、あるいはまた人間になったり獣になったりするものだ（舜は中国伝説上の賢明な部族連合の首領。堯から首領の座を禅譲されたが、息子にその地位を譲らないで、治水事業に功があった禹に譲ったという。蹠は中国春秋時代末期の奴隷反乱の首領。九〇〇〇名の部下を率い、大いに信望を集めた。過去の記録では、よく誤って盗賊などとされている）。

また、世の不正に怒る者が一時的な感情で決死の行動に走ることもあるが、それが外からの誘い

を絶えず受けているうち、いつしか一念の差が生じないと果たして断定できようか。ましてや、性急に動く者は逃げ出すのも早いというではないか。

安重根の場合、その過激な行動からして勇敢さは申し分ないが、もしや忍耐の面では不足があるのではと懸念する向きが、ひょっとしてあるやもしれない。彼は二〇〇日間獄中にあったが、その間、日本側はあれこれとその一身の安全を脅かし、さらに、口を開けば国家の利害関係でもって巧みに説得にかかり、何とか彼の口から自分たちの望む言葉を吐かせようとした。

このとき、彼を愛する者たちのなかで、もしや彼の頭に一念の差が生じては大事とばかりに、生祭文を書いた者がいたかも知れない。

誠に安重根は鉄のように固い意志の持ち主だった。彼は早くから命を惜しまなくなっていたため、敵がいくら甘言を弄しても効き目はなかった。彼は激烈な雄弁と毅然たる態度で、あくまで節を曲げず、命を賭けて仁を成した。

死刑判決を受けた後も彼は数十日も獄中にあった。彼はその機に数万字にものぼる「東洋平和論」を書いて自己の意志を表した。日本人のなかにも、彼の義の精神に打たれ、彼を慕い、彼に揮毫を与えてほしいと頼む者も多く、そのため彼は、それに応えて休みなしに数百もの書を残した。ときには詩を詠んで自ら心を落ち着かせた。たとえば「男子は死せど心は鉄の如し、烈士は危険に当たっても気分は雲に似て自由だ」（丈夫雖死心如鉄　烈士当危気似雲）という詩句が残っている。また、「人心は危うく、道心は微かなり」（人心惟危　道心惟微。出典は『尚書大禹謨』。人の心とは欲が先立つため、まかり間違えると道にそれるから危ういものであり、道を守ろうとする心はややもすると変わりやすいので微妙

なものだ、という意味）という二句を書いては戒めたというが、これは死に臨んで自分の悟りの心が消えるのを恐れ、自己の気持ちをもっとしっかり引き締めようとしたものであろう。これでわかるように、仁人志士の節操はひとえに自ら心を磨いてこそ完成するのである。

第二十二章　公判時の状況

安重根を屈服させられなかった裁判長の真鍋は、東京で政府当局との間で、彼の死刑について相談した後、旅順に戻って公判を始めた。外国人の傍聴を嫌った日本側は、事前に知らせもせずに突然公判を開いたが、それでも公判日を知って押し寄せた外国人は数百名にも達した。

「なぜ伊藤公を殺害したのか」という法官の質問に、安重根は次のように答えた。

「貴国はロシアと戦争するとき、韓国の独立を保全すると世界に宣布した。わが国の人々はみな期待して、その言葉を信じ、日本軍の勝利を祝って『日本のこの行動は東洋の大勢を保全するためだと日本の天皇が明白に宣言した以上、まさか世界を欺きはしないであろう』と言った。ところが日本は日露戦争に勝利した後、伊藤は突然軍人を伴って宮殿に押し入り、韓国皇帝と臣下を威嚇して保護条約を無理やり結ばせ、伊藤自身は統監に収まった。これが貴国の天皇の宣言した意思だったと言うのか。言い換えれば、これは伊藤が功を狙って仕掛けたことだ。彼はわれわれの内外に対する政治権力を奪って、韓国の公的・私的財源を食い尽くし、無実の韓国民衆を虐殺した。私は国の仇、同胞の仇を討つには伊藤を殺さずにはおれなかった。私は大韓の義兵参謀長で、大将は関東（江

原道の異称）出身の金斗星（キムドゥソン）だ。われわれは義兵を募って戦闘準備をし、さらに軍艦を買ってウラジオストック（海蔘威）から南下し、玄海灘の要塞地で伊藤を撃ち殺し、それで韓国の独立を回復しようとしていた。時あたかも彼がハルビンに来るというので、私が独りで先に行き、そこで彼を殺したのだ。だから敵国の見地からすれば、私は捕虜の資格を持つ者である。私を刑事被告として扱うのは正しくない」

彼はこう述べてから、伊藤の一三の罪を挙げながら何時間も痛烈な陳述を行った。彼の雄弁は滔々たる河の流れのようであり、その眼光は稲妻のように鋭かった。傍聴席で感動を覚えない者は一人としていなかった。

「伊藤なる者は韓国で皇后を弑し、皇帝を廃位させるという大罪を犯したばかりでなく、貴国に対してもやはり罪を犯した大臣である」

安重根がそう言うと、法官は「なぜそうなのか」と尋ねる。安重根は「これは貴国の前天皇、孝明天皇（一八三一～六六。名は統仁。仁孝天皇の第四子。一八四六年に即位して二一年間在位）のことを指しているのだ」と答えると、法官たちは全員、さっと顔色を失い、手振りで傍聴中止を命じた。

やがて検事の溝渕が論告に立ち、「被告は元来政治思想のない者であったが、『大韓毎日申報』、また安昌浩の演説を通じてそれを持つに至り、今度の事件を引き起こすまでになった。これは被告の自白ではなく、その二人の弟から聞いたことだが……」と述べた。

弟たちはカッと怒って「私たちがいつそのようなことを言ったというのか」と詰問すると、溝渕はばつが悪くなり、「聞いたからこのように論告しているのであり、質問するとは何事か」と喚き

たてた。弟たちは「これは強制手段（今日でいうパワハラ）であって法による処置ではない。こんなふうにして、人を説得できるとでもいうのか」と力んだ。すると溝渕は笑いながら「何も安昌浩がやらせたというのではない。彼の演説を聴いて政治思想を抱くに至り、その結果こうなったということなのだ」と答えた。このとき、通訳の園木が「この言葉は私が通訳しなければよかったのです。わざわざ長々と話す必要はないようです」と口を挟んだ。

一五歳のときから政治を自己の職分と心得ていた安重根は、年少ながらも思想的にはすでにして韓国社会の先覚者だった。にもかかわらず、新聞や演説で初めて政治思想を身につけたなどと、どうして言えようか。法官がこんなくだりをでっち上げて記録に残そうとしたのは、ただ安重根を貶めるためだけでなく、これを口実に『大韓毎日申報』と安昌浩を事件に連座させようとする思惑であった。

世界の世論はこぞってこう主張している。

「安重根の行為は愛国心から出たものだ。国を愛するがゆえに殺人を犯した場合、公利のためであるから、死刑免除の特例がある。前年、張仁煥（一八七七〜一九三〇。平壌出身の義士。キリスト教徒。一九〇五年にハワイ、翌年サンフランシスコへ行き、同胞の宗教活動に努める。一九〇八年三月、オークランド駅で、乙巳保護条約を締結した日本の黒幕だった前日本外務省顧問スチーブンスを暗殺、逮捕され、懲役二五年の刑を言い渡されたが、減刑されて一九一九年出獄した）が、アメリカ人スチーブンス（一九〇五年六月、日本政府の推薦により韓国外交顧問になる。一九〇八年三月、休暇で帰国中に、韓国人は愚昧で独立の資格がないと発言して在米韓国人の憤激を買った。三月二三日、オークランド駅で張仁煥の銃弾を受け、二日後に病院で

死亡）を射殺したとき、アメリカ政府は彼の行為が愛国心から発したものとして彼の罪を許した前例があるから、日本政府もこれに従って処理することで、この世の愛国者を励ましてほしいものだ」

ああしかし、日本にそんな道徳的な法律をどうして望めようか。ましてや彼らの対韓政策で有志人士の滅殺は急務とされているのだ。「韓国人として少しでも国家意識があり、社会で名望のある者ならとうていそんなことはできまい」。是が非でも口実を設け、重罪を被せて早く殺してしまおうと、そればかり考えている連中に向かって、事件の寛大な処理を望むなどとてもできることではない。彼らが安重根を殺したため、人々は安重根をますます尊敬するようになった。

第二十三章　各国弁護士の態度

日本側は韓国あるいは外国の弁護士の来廷するのを認めたにも拘わらず、すぐに彼らの弁護を禁じた。こんな嘘までついて法に違反をした理由は何か。当初、許可を出したのは本心からのものでなく、詭計（人をだます計略の意）にすぎず、後に不許可にしたのは策に窮して取った手段だ。安重根の毅然とした態度の前で懐柔策も水泡に帰した以上、いまさら外国人弁護士の弁護を許せば、彼らはきっと被告と同じ主張をするであろうし、そうなると日本の恥があからさまになってしまう。まして韓国人弁護士の場合はもっと被告に同情的になって論陣を張ることが予想される。結局日本の法官はもう一人の強敵を相手にすることになる。それで、日本側は嘘をつき、法に背いてでも外国人の弁護を禁じることにしたのだ。

日本人弁護士の鎌田正治が安秉瓚を訪ねて、こう言った。

「裁判所が韓国人と外国人の弁護を許さないのは、たぶん犯罪の原因の説明がなされるのを恐れてのことだと思われます。高等裁判所長・平石が親友の水野を公式弁護士に選んだところを見ると、不公正は火を見るより明らかです。もし被告が私に委託してくれれば、私は力の限り公利を守って弁護しましょう」

鎌田は「公利」といったが、実際は私心から出た発言だった。彼は彼で、公式の弁護士に指名されないのが口悔しくて、このように圧力をかけたのだった。果たせるかな、裁判所はこの言葉を聞いて彼を公式弁護士に選んだ。それからは彼は法官の公正さを強調し、賛辞を惜しまなかった。

安秉瓚が弁護権を得ようと必死に裁判長に要求したが、裁判長は「外国の弁護士は許可しないと言った手前、韓国人だけ正式に許可するとなると批判を受ける。そこであなたの間接弁護を特別に許すことにしよう。法廷で傍聴しながら日本人弁護士を通じて間接的に弁護を行うのです」と言った。ところが、翌日になると今度は水野、鎌田を通じて「昨日間接弁護を許可したが、実は急に西洋の弁護士からも要求があって、仕方なく、あなたに許可を与えられぬ」と伝えてくる始末であった。

裁判の前日、安重根との面会のために監獄を訪れた安秉瓚に、水野と鎌田はこう言った。

「今日われわれが被告に会い、弁護についての意見を訊いたところ、彼は『あなたたちは私の弁護をするというが、それならひとつお尋ねしたい。答えてみてほしい。伊藤はわが国でいろいろな罪業を働いたが、その罪が大きいか、あるいは私が彼を殺した罪が大きいか』と質問してくるではな

いか。われわれは答えられず、ただ誤解による犯行だと自白するようにと勧めたが、全然聞き入れようとしない。いまからあなたが彼に会い、同じことをぜひ勧告してもらいたい」

その言葉に安秉瓚は怒って、「この私がそんな勧告をするとでも思うのか。君たちは弁護士とは名ばかりで、こんなことを言うあなたがたは、いったい何者なんですか」

すると彼らはすぐに裁判所に電話し、裁判所の指令どおり、安秉瓚が安重根に面会できないようにした。

裁判が始まった。日本人弁護士は裁判所の指令どおり、通り一遍の弁護をするだけで、大事なことは何も言わなかった。かえって、誤解による犯行だったと言い出す始末であった。安重根は叱責した。

「あなたがたは口では被告の弁護士だというが、実際にしていることは被告への裏切りだ。私が何を誤解したというのか。そんな嘘八百で私を陥れようとするのか」

判決が下された後、弁護士らは彼の所へやってきて上告を勧めた。しかし安重根の返事はこうだった。

「不公正な判決を受けたのにそれでも上告しないとなると、きっと私が罪に服したと言い立てるであろう。しかしもう生きていたくないこの私なのに、上告などしてどうなろう。上級法官もどうせ日本人であろうから、どうして私を殺さないわけがあろうか」

安重根が死刑に処されるときにも、この二人の日本人弁護士がやってきた。

「あなたがたは何しに来たのだ。人が死ぬのを弁護せよという法律でもあるのか」

二人は顔色を変え、「あなたの慰労に来たのだ。心安らかに天国へ行きなさい。われわれもまた、

後から天国に行ってあなたに会うから」と言うと、安重根は次のように答えた。

「私の天国行きを祈ってくれてありがとう。私は天国の法律を守り、国と正義のために死ぬのだから、私の魂が天国へ昇るのは当然のことだ。しかし、あなたがたは平素天国の法を知らず、またこの世の法律も公正に執行できなかったのだから、果たして天国へ行けるものかどうか……。あなたがたは、後に天国で私に会いたければ、天国の法を信じ、学び、公利を守るよう努めなければならないでしょう」

英国人弁護士ダレスもまた安重根に感服し、ふと安秉瓚に洩らしたことがあった。

「私は今まで世界で多くの人物を見てきたし、重大な裁判も何度か経験してきたが、こんな人物を見たのは初めてだ。私は世界各地で、出会う人ごとに彼の成し遂げたことを知らせ、称賛したい」

ロシアの弁護士ミハイロフは、日本側の不公正に怒り、裁判が終わらぬうちに帰国してしまった。ところが、日本の新聞は「外国人たちは法官の公正さを信じたがゆえに、同様に帰国した」と書きたてた。

第二十四章　安重根の最期

最後の公判の翌日、判決が下され、安重根には死刑、禹徳淳には懲役三年、曺道先と劉東夏にはそれぞれ懲役一年半が言い渡された。安重根は泰然として口を開いた。

「説明したいことが残っている」

法官たちはびっくりしていったん外へ出て打ち合わせをし、それから通訳を通じ「陳述することがあれば上告してもよい」と伝えた。

「お前たちの意図はわかっている」。そういうと安重根は微笑を浮かべて退廷した。

日本の新聞には通訳の園木の話として「判決のとき、被告の顔に血の気がなかった」と書かれた。園木が「私がいつそんなことを言った」と抗議すると、記者は何も答えられなかったという。

二人の弟、従弟（いとこ）の明根（ミョングン）、そして安秉瓚が連れ立って面会に訪れた。安重根は安秉瓚に感謝しながら次のように話した。

「先生は苦労もいとわず、私のために本当に力を尽くしてくださいました。この甚大な御恩は死んでも忘れることができません。先生、いま一つお願いがあります。私が死んだ後、私の魂をよい便りで慰めてくれるのは、ただわが同胞だけであります。お願いですから、先生は全力を尽くしてわが同胞を励まし、国家の独立が回復できるようになさってください。それを天国に伝えてくだされば、私は小躍りして万歳を叫ぶでしょう。私はただ過激な手段を使った一介の男にすぎず、ほめられる者ではけっしてありません。教育を振興し、実力を蓄え、大衆の心を一つにしてこそ、独立回復の基礎ができるのです。わが同胞には、死を迎えた私の言葉をしっかり受け止めて一層奮闘してもらいたい。これが私の切なる希望です」

弟たちにはこう頼んだ。

「死んだ後、私の骨をハルビン公園の横に埋め、国権回復の暁には故郷の地へ移して埋めてほしい」

弟たちの顔には悲痛な色が漂っていた。それを見て安重根はむしろ叱咤するのだった。「私が少

しも気落ちしていないのに、お前たちはどうしてそうなのだ」

公判の前後、裁判所はしばしば新聞記者を使ってあれこれ嘘の記事を書かせ、またわざと顔色のすぐれないときの写真を撮らせて安重根の名を汚そうとしたが、弟たちはそのことも腹にすえかねて不平を述べたものだった。安重根はやはり弟たちを慰める側だった。

「彼らが私を非難するのは当たり前のことだ。私がわが国のために伊藤を倒したように、彼らも自分の国を思って私を非難しているのだ。お互い自国のためと考えてやっていることに腹を立ててみたところでどうなろう。もし、私が日本人の立場だったらもっと激しい非難をしたであろう。だから、むしろ祝うべきことであって、怒ってはならない」

死刑執行の日、弟たちは最後の面会を求めた。そこで安重根は次のような遺言を残している。

「私は天国に行ってもわが国のために全力を尽くすから、お前たちは同胞に私の言葉を伝えておくれ。『わが同胞が私のために努力してくれたのに、私はこれ以上それに応えることができない。このうえなく恥ずかしく慙愧（ざんき）の極みであり、最早この一命でもって誠意を表すしかありません。同胞のみなさん、国に対する責任を負い、国民の義務を果たし、心を一つにして力を合わせ、功を立てて業績を成し、是非大韓独立の知らせを天国に伝えてください』。これが私の最大の願いだから……」

面会のたびにきびしい監視を受けたため、大切なことを口にできなかったこともあるが、最後の最後に彼は弟たちに、「獄中で読んだ本のなかに秘密の手紙がある」と伝えた。

しかしそれらを日本側がどこへともなく隠してしまった。弟たちが何度も返してくれと頼んだが、

なしのつぶてであった。

安重根はこうして一九一〇年二月二六日午前一〇時、死刑執行を迎えることになった。新しい韓服に着替え、顔面に喜色を浮かべて刑場に向かった。

「私は大韓独立のため、東洋平和のために死ぬのですから、死んでも悔いはありません。ただ残念なことは国権回復の日を見られないことです。みなさんはわが大韓が独立してこそ東洋に平和が訪れ、したがって日本もまた、将来の危機から免れるということを深くお考えになってください」

そう言うと、彼は従容として刑に従った。

ときに安重根の年齢は三二歳であった。その日は曇っており、雨がしとしと降っていた。

第二十五章　二人の弟、日本を痛罵する

二人の弟は兄から、国が独立しない限り、遺骨は故郷へ持っていかないよう何度も聞かされていたが、それでも遺体をそのままにして家へ帰るわけにはいかなかった。そこで彼らは遺体を求めて監獄に赴いた。巡査が身体検査をした後、なかへ入れてくれた。日本人弁護士たちは「日本の法律では死体の引き渡しが定められているので、お前たちの要求は認められるが、ただ、政府からの命令があって引き渡しはできなくなった」と答えた。弟たちが「死体を引き渡すかどうかは典獄（刑務所長）の職責であって、弁護士の口出しする問題ではありません」といってなかへ入った。そこには典獄の栗園、検事の溝渕、通訳、および看守ら数十名がいた。弟たちは質問した。

「本当に政府の命令があったのですか。あるいは法官が勝手に行ったことですか。はっきり答えてください」

「私はお前たちの骨肉の情を思って遺体を引き渡そうとしたが、政府の命令だからどうしようもない」

典獄のこの言葉に、弟たちはまた詰問した。

「日本の法律に遺体は引き渡すものとある以上、法官が批准して引き渡せば済むことではありませんか。なぜ政府の命令を口実に、法律に違反するのですか。法官は法律の拘束を受けるだけであって、政府の命令に従うものではないはずです。それなのに政府が法の適用如何について命令を下したというのですか？」

このように詰め寄ると、ついに典獄は「政府の命令はなかったが、私が職権でそう処理したのだ」と認めた。

「典獄の職権で処理しておきながら、なぜ政府の命令がどうのこうのと四～五分間も嘘をつき続けたのですか？」

「ええい、うるさい。協議して決定を見た以上、何度請求しても遺体は絶対に引き渡すわけにはいかん」

弟たちもついに怒って大声を出した。

「法官とは名ばかり。法と理知に反し、力で抑えつけることしか知らないとは、これこそ蛮行というほかありません。私たちにいまは対処する法はないが、この命のある限り、恨みを晴らす日が必

ず来るでしょう」

余りの叱責口調に容赦ならんとばかりに、巡査と看守たちは二人を獄外に連れ出した。二人は獄門の前で何時間も泣き崩れ、なかへ入れてくれと頼んだが、許されなかった。

その後二人は、仕方なくそのまま大連を発ち帰国した。日本側はなおも彼らの動きを監視し続け、何とか口実をつけてなきものにしようとした。彼らは海外へ逃れることで何とか迫害を免れることができた。

第二十六章　禹徳淳の歴史概観

昔、鄭の国の商人・弦高（紀元前六二八年に秦軍は鄭を討とうとした。ちょうどそのとき、牛を連れて周に商(あきな)いに出かけていた弦高は、途中で秦軍と出会った。彼は鄭の王から牛一二頭を秦軍に捧げるように言われたと時間稼ぎする一方で、鄭へ人を遣わし防御準備をさせた。それで結局、秦軍は鄭を討つことができなかった）は牛の売買をしながらも、難局に直面した国を救った。実に、商業界の豪傑、国民の模範というべきだ。今日の韓国の義士の禹徳淳(ウドクスン)もまた、雑貨商であった。その愛国心は安重根のそれとともに歴史に永く残るであろう。商業に携わるすべての人々はこの話に奮起してもらいたい。

禹徳淳は忠清北道堤川(チェチョン)郡の出身だ。彼は家庭が貧しく、ソウルに移って雑貨店を開いてやっと生計を立てていた。学問をする余裕やゆとりなどなかった。しかしながら、その愛国の情は天性のもので、新聞をよく読み、時局が緊張したり、国権が奪われたときには涙を流して食事が喉をとお

らなかった。一九〇五年、保護条約締結時には全国の人士はただうろたえるばかりだったが、彼は次のように言ってウラジオストックへ赴いた。

「国があっての国民です。もし国がなければ私の商いは私のものでなくなり、私の妻子ですら私のものでなくなり、この命もまた然りです。私は商いがだめになり、妻子をなくし、命を失おうとも、国を救おうと思います。ところが三千里のわが祖国は日本人の支配下におかれて、一挙一動（一挙手一投足。わずかな動きのこと）の自由すらないのですから、いったい何ができましょう。聞くところによるとウラジオストック（海蔘威）一帯にはわが同胞の移住者が多く、有志の人士たちが学校・新聞・産業などを興し、そのうえ日本人の勢力が及ばないと言います。救国活動には打ってつけの場所だと思います」

彼は同志を求め、安重根とともに断指同盟を結んだ（「安重根公判記」と「安応七歴史」には禹徳淳の断指同盟入りについての叙述はない）。

伊藤博文のハルビン入りを知って、彼は安重根とともに彼の通過する主要経路で襲撃しようとしたが、実際どこで出会えるやら見当がつかない。そこで一人が寛城子で待ち伏せ、もう一人がハルビンへ行って待機することに決めた。

安重根を見送る禹徳淳は、いまにも泣き出しそうな表情だった。まるでうらさびしい易水（中国戦国時代の燕と秦の国境の川）のほとりで白衣を着て冠をつけた人たちが荊軻（けいか）（?~紀元前二二七年。中国戦国時代末期の刺客。燕の国王の命で秦の始皇帝を暗殺しようとして逆に殺された）と惜別するようであった。その心情、その光景はさぞかし悲壮であったろう。駅で見ていた人たちは何ごとかと思ったという。

伊藤が寛城子に着いたとき、巡視のロシア兵は旅館の主人に戸を閉めて誰も外出したり外を見たりしないように命令を出した。禹徳淳が、そっとカーテンの隙間から窺ってみたときには、伊藤はすでに通り過ぎた後で、後の祭りだった。実に残念でならなかった。彼はがっかりして、その場に仰向けになり、長い間動こうとしなかった。取り調べを受けたとき、彼の答え方が余りにも安重根のそれとぴったりと一致していたので、聞き手はみなびっくりしたという。

公判で彼は懲役三年を言い渡された。日本側は今後の彼の過激行動を恐れ、別件で咸興監獄へ移送したが、彼はすぐに自殺した（あるいは脱獄したとの説もある）。目的達成という点では安重根に遅れを取ったが、公明正大な抱負と志操の点についていえば、彼もまた天下の義士という名に恥じない。

第二十七章　安重根の従弟、安明根

安重根の刑が執行されたのは一九一〇年三月二六日のことだった。この年の八月二九日、四三〇〇年余の歴史を持つ韓国はついにその宗廟と社稷（宗廟と社稷はともに国土、朝廷の意味）の幕を下ろすことになった。

日本の総理大臣の桂太郎、陸軍大将の寺内正毅（一八五二〜一九一九。首相、陸軍大臣、韓国統監、朝鮮総督などを歴任。日清・日露戦争に将軍として参戦し、韓国併合後は初代朝鮮総督となる）らは、ますます野心的な政策を立てて伊藤の後継者たらんとした。

伊藤銃殺と曾禰荒助（一八四九～一九一〇。第二代韓国統監）病死の後、寺内が総督として来韓、併合を宣言し、皇帝を廃位させて（単なる）昌徳宮王に冊封した。武装した日本の軍隊・憲兵・巡査らがあちこちに立ち、王宮からソウル市街に至るまで厳重な警戒網が敷かれた。社会団体、報道機関はすべて解散させられた。死でもって国に応えた韓国人を徹底的に調べあげ、その家族を脅してけっして死因を口外しないようにさせた。野獣以下の売国奴たちは、金と地位を得て意気揚々とした。

安重根の従弟の安明根は、「安重根兄が伊藤を倒したのだから、今度は私が寺内を倒す番だ」と密かに志士たちとともに武器を用意し、鉄道の要所で寺内を襲うことを決めた。計画は立てられたが、ふとしたことでそれが洩れてしまい、彼はあっという間に逮捕されてしまった（一九一〇年一二月に平安北道宣川で、従弟の安明根が寺内正毅を暗殺しようとしたが未遂に終わった事件。この事件にことかけ、朝鮮総督府は「一〇五人事件」をでっちあげ、一九一一～一二年にかけて独立運動家や民族主義者六〇〇余名を逮捕した）。

法廷に引き出された彼はこう述べた。「お前たちはハルビンで伊藤を倒した安重根を知らないのか。彼はまさしくわが従兄だ。私はその志を受け継いで寺内を殺して国の仇を討とうとしたのだ」

すると法官は「あなたは国のためだといって金を集め、金を出し渋る人からまで金を奪った。（その行為は）盗賊でなくて何であろう」と追及した。

「お前たちはわが二〇〇〇万同胞が死しても渡そうとしない国を無理やり奪っていったのだから、それこそ天下最大の盗賊だ。私はこの最大の盗賊をとっ捕まえて亡き者にすることで、国民を救お

うとしている。どうしてそれを盗賊呼ばわりするのか」

法官はそれ以上、二の句を継げなかった。こうして明根は殺人未遂罪で無期懲役に服することになった。そのときの傍聴人たちは誰しも、「受難の安義士兄弟は永遠にその名が残るであろう（難兄難弟＝兄たり難く弟たり難し。この兄ありてこの弟ありの意味）」と口々に話した。

日本はこの事件を口実に、金鴻亮（キムホンリャン）、金道熙（キムドヒ）、高貞華（コジョンファ）、李尚真（イサンジン）、李承（イスン）たち一〇〇余名を連累罪で逮捕した。続いて梁起鐸（ヤンギテク）、安泰皓（アンテホ）、李昇薫（イスンフン）、林蚩正（イムチジョン）、玉観彬（オククァンビン）たちを逮捕する事件を捏造して、さらに翌年には尹致昊（ユンチホ）、柳東説（ユドンヨル）たち一二〇名を拘束する事件があった。これがいわゆる寺内暗殺未遂事件だ。何の証拠もなしに彼らを逮捕するのは、あくまで日本が韓国の愛国者を根絶やしにするためだった。

第二十八章　李在明と金貞益

李在明（イジェミョン）と金貞益（キムジョンイク）は平壌の人である。寺内が韓国にやって来る前に、合併説がしきりに新聞を賑わせていたので、彼らはよく話し合ったものだ。

「事態は急を告げています。どうすればよいのでしょうか。わが同志たちはみな殉国を決意した者たちです。安重根がすでに一歩先んじて国民の責任を果たしたのだから、われわれにできないことはありません。あのとき、日本が強制的に条約締結できたのは実のところ、わが国の逆賊たちが私利私欲に溺れて国を売り、日本の手先になったからです。今日、われわれが先手を打って、早く売

国奴を亡き者にしてしまえば、彼らの強制条約締結計画を制止することができたかもしれません。そうして、国の運命が救えるならば、本当に幸いだと言えましょう。彼らの頭目は政府の李完用と一進会（一九〇四年、李容九、宋秉畯、兪鶴柱らが組織した、日本による韓国併合を促進するための売国的親日政治団体。併合後の一九一〇年に解散）の李容九です。この二人の逆賊さえ殺せば、他の者は危険を感じてもう条約締結に応じることとすらしないでしょう。救国の策はこれ以外にありません。即座に行動しましょう」

彼らは短刀を懐に隠し、大同江を渡ってソウルへ赴き、二人の逆賊の動静を窺った。ちょうど李完用がカトリック教会の招待で鍾峴聖堂（現明洞聖堂）に赴いたときだ。在明はそれを知るや、焼栗売りを装って聖堂の前でチャンスを窺った。やがて李完用が聖堂の外に出て来たとき、在明がさっと車の前に立ちはだかり短刀を抜く。すると李完用の側近が遮った。在明がまず、側近の者を刺すと彼は即死し、李完用はその場に倒れた。在明はここぞとばかり李完用を刺した。短刀は李完用の腹深くに達した。日本人巡査が駆けつけ、慌てて李完用の体を抱き起こした。在明はその場で逮捕された。彼は投獄後、殺人罪で絞首刑に処された。李完用はというと、入院後何か月も治療を受けたが、何とか命だけはとりとめた。

金貞益もまた李容九を倒そうと毎日その機会を窺っていたが、在明の事件発生後、逮捕されてしまった。彼は短刀を投げつけながら、「この短刀で逆賊を殺して国を救おうとしたのに、こんなことになるとは！」と嘆いた。彼は謀殺罪で無期懲役の判決を受けた。

李完用は仁人志士（李在明）の短刀の狙いが外れたので命を永らえ、後に併合条約のお先棒を担

ぐまでになったのだ。ああ、これが天の悪戯（いたずら）でないというのなら何と言おうか！
その頃、韓国人が事を起こそうとしていたため、日本人は国の内外を問わず、どこでも恐くて仕方がなかった。彼らの新聞には平壌の人間が凶悪だとしばしば言い立てていたが、これは安重根・張仁煥・李在明・金貞益ら西道（黄海道）の人たちを指していた。

在明はキリスト教を信じていた。彼は幼くして父と死別し、一三歳のときに西洋の宣教師について訪米し、そこで懸命に働いて旅費を稼ぎ、やがて帰国した。そして平壌で多くの同志と知り合い、国権回復を話し合った。同志たちはみな急進派だった。在明はずっと中国とロシアの辺境を巡ぐって、同胞と遭い、日頃は大衆のなかにあって彼らにうやうやしく対した。彼は口べただったので、人はともすれば彼を軽んじた。しかし彼の本心は強固で、正義のためならいつでも死ぬ勇気を持っていた。彼は実に、見かけだけでは判別できない志士だった。

貞益もやはり家が貧しくて他家で下男をし、仕事の合間に労働者の夜学に通って学び、善言善行を実践しようとした。主人に対しても礼儀正しく、主人の言い付けをよく守ったが、ただ一つ、主人から妓生（キーセン）（いわば芸者）を呼びに行く任だけはできなかった。この一点だけでも彼の正直さを知ることができる。

この二人は、身分は低くても、ともに正義のために奮闘し、逆賊を倒して危機に瀕した祖国を救おうとした者たちだ。彼らは一身の犠牲をあたかも極楽世界へでも逝くかのように考えた。たとえ、事は成らなかったといえ、彼らの精神は永遠に生き続けるであろう。

一方、高官や両班、代々爵位を受け継いで国費を浪費してきた勲臣らは、ただただ富貴栄華を楽

しんでいた。彼らは日頃は国と運命をともにするとか、王に難事が起これば、臣下としては殉国する義務があるとか言いながらも、いざ国が滅び王が囚われの身になると、たちまち国に背を向け、恥も外聞もなしに敵の手先になり下がった。彼らにとっては富貴栄華の維持だけが幸福であり栄誉であったのだ。彼らはいまもなお、変わらず傲慢に振る舞っている。ああ、神様、こんな獣にも劣る連中が人道に反し、天理を踏みにじるのを許してこられたとは、いったいどうしたわけでありましょう！

結論

私が本書を記したところ、中国の言論人たちはこの一部を採用して『世界偉人伝』（正確には『曽刊行東西洋偉人叢史』）のなかに入れてくれた。将来、この『叢史』が発見されれば明らかになるだろう。

安重根を世界の偉人とするのは、ただハルビンでの一撃が全世界に轟いたからであろうか。私にはそうだとも、そうでないとも思える。

彼は一五歳にして義兵に加わり逆賊追討で頭角を現し、国民の文弱を嘆いて尚武主義を熱心に説いた。国難にあっても国民が目覚めていないのを見て、彼は教育を救国の急務と考えて学校設立などのために東奔西走して、全力を尽くした。さらに、海外にまで足を伸ばしては大衆に義勇軍参加を呼びかけた。彼はまた、世界最強の敵と闘い、その出鼻を挫いた。したがって彼の成し遂げたこ

とは、文山よりも偉大だと言える。彼は敵の頭目を面前で殺すことにより六大州（朝鮮全域）にその名を轟かせたのだから、その功績は張子房よりもっと輝かしいと言えるだろう。数カ月にわたり投獄されながらも、敵の脅しを恐れず、その甘言にも惑わされず、泰然と正義に身を捧げた点は、文山の守節にも比すべきだ。まさしく、それゆえに、安重根を世界の偉人というのだ。もしわれわれが伊藤を狙撃した彼のことを、ただ荊軻や聶政（じょうせい）（中国戦国時代の刺客）のような刺客に比較すると、安重根にはきっと割に合わないと思うことであろう。

古来、亡国の歴史を繙（ひもと）くなら、多くの忠義の士が血を流したにも拘わらず、ついに国が滅亡から免れなかったという例が少なくない。それでは国の存亡は天に任されているから、人の力は及ばないということか。韓国の末期にも忠義の士がいなかったわけではない。元老としては閔泳煥（ミンヨンファン）、趙秉世（チョビョンセ）、洪萬植（ホンマンシク）らがおり、儒林（儒学者たち）としては崔益鉉（チェイクヒョン）、宋秉璿（ソンビョンソン）、柳麟錫（ユインソク）、黄玹（ファンヒョン）、金道賢（キムドヒョン）らが、軍人としては朴昇煥（パクスンファン）、閔肯鎬（ミングンホ）らが、義兵としては李康秊（イガンニョン）、金海山（キムヘサン）、李殷瓚（イウンチャン）、許蔿（ホウィ）、延基祐（ヨンギユ）、洪範図（ホンボムド）らが、さらに志士としては李儁（イジュン）、李在明（イジェミョン）、安明根、金貞益らがいる。しかし、なかでも安重根は赫々たる業績を残した義士だ。にも拘わらず、なぜ滅亡する国を救うことができなかったのか。

ああ、今日の国家間の競争は国民全体の力にかかっているのであり、ある個人の力によるものではけっしてない。したがってその勝敗は、国民の団結如何によって決まるのだ。国民が一心となって国を愛し一体となって団結するなら、セルビアやブルガリアのように小国であっても自強自立できる（セルビア王国は一二一七年に成立し、一四世紀末にトルコに征服されてからも絶えず闘い続け、一九世紀初に自主権を獲得、一八八二年に独立しふたたび王国を打ち建てた。ブルガリア族は六世紀以来、他民族の支配

を受け始め一〇一四年からは東ローマ帝国の統治下に入り、一三九三年にオスマントルコに征服される。その後長期の闘争を経て、一八七八年に公国を建て、一九〇八年に独立王国となる）。もし、それらの国民がそれぞれ自分のことだけを考えて国を愛さず、砂粒のように分散して団結しなかったとすれば、たとえインドやポーランドのような大国であっても、ついには滅びてしまうであろう。滅びゆく国にあって、少数の忠義の志士だけが救国に努力していたとは、何と痛ましいことか！　だからこそ安重根は平素韓国民に、団結を声高らかに訴えたのである。

同胞たちよ、忘れることなかれ。ああ、安重根が剣を手にしてわれわれの傍らで見守っているのだ。

安重根小史

――申景浩

一、出生と成長

安重根義士は、旧韓末（一八九七～一九一〇年の時期）において朝鮮（李氏朝鮮）が列強の侵略行為により国が乱れていた一八七九年九月二日、黄海北道黄州に生まれた。父・安泰勲（アンテフン）と母・趙姓女（チョセンニョ）（洗礼名マリア）の三男一女の長男だった。本貫（姓の発祥地。貫郷、籍貫ともいう）は順興（スヌン）で、祖父は鎮海（チネ）（慶尚南道）県監（県の長。県は郡よりも小さい行政区）を歴任した安仁寿（アニンス）で、父は司馬試（科挙で生員、進士を選抜する試験）に合格し、進士として学問的な才能が秀い出、黄海道地域では広く知られていた秀才だった。しかも安重根の家門は、黄道一帯では名高い富豪だった。安義士は生まれながらにして胸と腹部に七つの黒い点（痣、ほくろ）があり、北斗七星の精気を受けて生まれといって、児名を応七（ウンチル）と名付けられた。それで、幼児期には「応七」と呼ばれ、冠礼（日本の元服に相当）と婚礼（結婚）を終えると冠名の「重根」を使うようになった。

安重根のこうした時期、父・安泰勲は官途に就くために漢城（ソウル）にしばしば上京し、開化派（一八八四年に甲申事変を起こした金玉均（キムオクキュン）らの党派）の人士たちと親しく交わった。安泰勲は一時、同じ開化派の朴泳孝（パクヨンヒョ）（一八六九～一九三二）らから認められ、将来国を率いる青年官僚を育成を目論む海外留学生に選ばれていたが、甲申事変の失敗によって、安泰勲もまた官途への道をあきらめざるを得なかった。そして祖父の安仁寿と協議の結果、家族郎党約八〇名を引き連れて黄海北道信川郡斗羅面天峰山の裾（ふもと）、清渓洞（チョンゲドン）へ身を潜めるようになる。これは安重根七歳の時（一八八五年）のとき

であった。安重根はこの山村で成長し、その後また家族（一門）が平安南道鎮南浦（チンナンポ）へ移る一九〇六年まで、ここに住んだ。

安重根は清渓洞へ移る前の六歳の時、カソリックの聖堂に初めて足を踏み入れ、七～九年間聖書に親しんだ。当初は、父の才気を受け継いでなのか学問的進取になかなかのものがあったが、その後どうしてなのか次第に学業から遠ざかり、ついには机に向かうことよりも、家に出入りする砲手（鉄砲撃ち）たちと一緒に野山を駆け巡ることを好むようになる。幼かったにも拘わらず、安重根は馬術、弓術、砲術などに優れ、大人たちにも劣らなかった。学問に馴染（なじ）もうとしなかったので祖父が招いた黄海道の鴻儒（こうじゅ）（すぐれた儒学者）・高能善（コヌンソン）と父母が厳しく叱ったが、無駄であった。彼の学才を惜（お）しんだ友人たちは、「君の父君は文章で世間に知られているのに、君はどうして将来、分別のない者になろうとしているのか」と言って、厳しく諫（いさ）めた。しかし安重根は、「君らの言うことは正しい。だが俺の言うこともちょっと聞いてほしい。かつて楚の覇王・項羽（秦末期の武将。BC二三二～BC二〇二）は、『勉強なんぞせいぜい自分の名前くらい書けたらいいんだ』と言ったが、稀代の英雄覇王の名のほうがかえって『春秋』（古代中国の東周時代前半を記した編年体の史書）に残っており、今に伝わっている。私は学問をもってして世に名を轟かしたくはない。楚の覇王が丈夫だとしたら、私も丈夫だ。君たちは今後二度と、私を説得するんではない」といって、男児としての抱負を明らかにした。

二、義族の先鋒に立つ

安重根は一六歳の一八九四年（甲午年）に、黄州の地の両班である金洪燮の娘・亜麗（洗礼名アネス）と結婚し、その後に二男一女に恵まれた。

この年、貪官汚吏（悪い役人、官吏）の収奪と虐政に対して百姓（民衆、農民）の抗争する東学運動が全羅道地域を中心にして起こり、やがて朝鮮全土に拡がった。ところが一部の地方では、東学にかこつけて騒ぎ出して官吏を殺し、百姓をかえって略奪することが頻発した。この状況を見て、父君の安泰勲は数百の義兵を集めて義旅所（兵営）を設けて官軍を助け、東学党（党は群の意）と戦うようになった。

安泰勲率いる信川義旅はその年一二月、黄海道東学軍の主力部隊と清渓洞で一戦を交えた。安重根は父が止めるのもきかず、一六歳という幼い年で戦いの先鋒に立った。二万の大軍と対峙したその日の夜、六名の同志と一緒に敵陣へ探り込んで、敵の警備が疎かなのを察知し、すぐさま敵陣を奇襲することを提案した。同行の一人が「わずかな手勢でどうして敵の大軍に当たることができるのか」と心配そうに問うと、安重根は「そうではない。兵法では、敵を知って己を知れば百戦危うからずだ」と応えた。「敵の様子を窺うとただ人を集めた烏合の衆にすぎん。俺たち七人が力を合わせれば、あんな烏合の輩など、譬え百万の大軍であろうと、恐れるに足りん。お前たちはとまどうことなく俺に従いてこい」と言って奇襲して突進すると、敵陣は大きな混乱に陥った。その日の

戦闘で、信川義旅は一人の犠牲者も出さず、数十丁の武器と弾薬、多くの馬匹、数千の兵員を養う食糧を鹵獲し、大勝した。幼い年であったのに安重根の気質と統率力は、このように人並み優れたところがあった。信川義旅はその後、幾度も出兵して官軍を助けた。

三、天主教（カソリック）への入信と布教活動

東学革命がしだいに収まった頃について、安義士の自叙伝（安応七歴史）には次のように記している。

親交結義　（先ず）朋と親交を結ぶこと
飲酒歌舞　（次に）酒を飲んで歌舞すること
銃砲狩獵　（三に）銃砲によって狩獵すること
騎馳駿馬　（四に）駿馬でもって駆けること

人との交わりと風流を好む安重根の男らしさと豪気さを窺わせる文面である。

その頃、父の安泰勳は東学を鎮圧する過程で、東学党から五百余石の穀物を鹵獲し、これを義旅兵の食料として使ったが、これが朝廷から嫌疑を受けることになる。身の危険を案じた安泰勳は、天主教会堂（聖堂）へ潜むことにする。この当時、安泰勳は聖書の理を悟り、誠実な天主教徒にな

っていたが、一八九六年一〇月に清渓洞に帰った後、積極的に布教することによって、家族・親戚一族が天主教の信者になった。安重根もトマ（多默、トーマス）という洗礼名を賜る。安泰勲はソウルの明洞にある天主教の本堂（本山）にあるウィレム（ショセフ・ウィレム。漢字名は洪錫九）神父に要請し、清渓洞に天主教公所（小規模の聖堂。寄り集まってミサを行う拠点）を設け、安重根とともに近在の部落を訪れて教理を伝えるなど、積極的に宣教活動を展開した。安重根はその後何年間もウィレム神父の服事（司祭の助手）として、黄海道一帯を巡りながら伝道（布教、宣教）に力を尽くした。また、天主教徒の総代（代理人。総代はもとは村主の意味として使われた）職を担い、先頭に立って天主教徒たちの身近のいろんな問題を解決するのに奔走した。

四、乙巳（保護）条約以後の教育・啓蒙運動

一九〇四年の日露戦争と一九〇五年一一月に結ばれた乙巳保護条約（第二次日韓協約）は、安重根義士の思想と生き方に一大変化をもたらした。日本は日清戦争と同じように、日露戦争の大義は韓国（大韓帝国）を列強から独立させて、東洋平和を成し遂げるための戦い（義戦）という天皇の勅書まで公布することによって、安重根もまた多くの韓国国民とともに内心では日本の勝利を望んでいた。しかし、戦争が終結するや、日本は韓国の独立を保障するどころか、一九〇五年に至ると、「乙巳保護条約」を力づくで締結し、韓国を日本の保護国にし、外交権を奪ってしまった。

条約が結ばれた後、韓国の朝廷では侍従部官長の閔泳煥と参判を歴任した洪万植らは鬱憤をこら

えきれずに自決し、また新聞人の張志淵（チャンジヨン）は「是日成放声大哭」（文字通り、我はこの日大泣きして声を放つ。「皇城新聞」に掲載）なる痛恨の文章を残した。

安重根もまた、日本のやり方に憤慨して何としても祖国を救わんとする一念で、救国活動に身を投ずるようになる。安義士は父の泰勲と協議した結果、抗日運動の拠点を作ろうとして中国へと向かう。中国の方が朝鮮国内よりも監視が厳しくなく、さらに祖国から大陸へ逃れた同志も集めやすく、比較的に反日活動に有利だと思ったからである。青島（チンタオ）を経て上海に至ると、その地に定着して住んでいる韓国人に会ったり、集会をもち、独立運動の活路を模索しようとしたが、彼らの非協力さを肌身に感じ、意志を遂げられなかった。失意に陥っていた頃、安重根はその地で偶然に黄海道で一緒に宣教活動をしていたルーカク神父（仏人）に会い、彼の助言を受け容れて一旦帰国し、教育啓蒙活動をすることに決心する。それは一九〇五年の年も暮れようとする一二月下旬のことであった。

鎮南浦に到着した安重根を待っていたのは、父安泰勲の訃（ふ）報だった。孝行息子だった安重根は、訃報の報せを聞き、「無能な朝廷と腐敗した官吏に対する父の恨（ハン）は天のようにうず高いのに、どうして我独り百楽（百楽とは人生における世の中のいろんな楽しみ）の長を楽しむことができるだろうか。今こそ自分はわが大韓が独立するために外敵を追い出し、二千万同胞がこの地の全うなる主人になるその日まで、酒を断つ」と自ら誓った。実際、安重根は自らに課したその誓いを守り、その日以後死ぬ日まで、人並み以上にたしなんできた酒を一滴も口にすることはなかった。

一九〇六年、一家とともに鎮南浦へ移った安重根は、家産の一部を整理して三興（サムン）学校を建て、さ

らに敦義（トンウィ）学校を買い取って校長に就くなど、教育事業に力を注いだ。一方、国債償還運動（大韓帝国が日本から借りた一三〇〇万円を返済するために繰り拡げた国民運動。一九〇七年から一年間、国権回復の一環として、慶尚北道大邱（テグ）の徐相敦（ソサンドン）らが中心となって活動する。一方で「帝国新聞」「皇城新聞」「万世報」などが積極的に支持し募集運動を展開したが、統監府の圧力と親日迎合団体の一進会などの妨害によって目的を達せられなかった）にも積極的に参加し、平壌に国債償還期成会関西支部を設けた。安義士は「国事は公であり、家事は私である。支部長のわが家が率先垂範せずして他の人たちを導くことはできない」と言って、妻はもちろんのこと、母や実弟の嫁まで動員したし、彼らが持っている金銀はもちろんのこと、高価な飾り物などをすべて献納するようにし、地域の多くの人たちが保償運動に参加するように督励した。

五、武装闘争への変身

教育事業と啓蒙運動に専念していた安重根を武装闘争へと変身させたのは、日本の朝鮮統監政治であった。一九〇七年七月、ハーグ密使事件を口実にして、統監府は高宗皇帝を強制的に廃位させて、力づくで丁未七条約（第三次日韓協約）を結んで大韓軍を解散して山林や鉱山、鉄道まで奪うなど、韓国の植民地化を露骨的に力づくで推進した。

ハーグ密使事件というのは、一九〇七年七月に高宗がハーグで開かれる万国平和会議に密使を派遣し、乙巳条約が無効であることを世界に知らせようとしたことである。李儁（イジュン）、李相卨（イサンソル）、李瑋鍾（イウィジョン）ら

が密使となって行ったが、日本と英国の反対で目論見は水泡に帰した。この密使事件後、日本及び統監府の軍事力によって丁未条約が結ばれたが、本条約は七条から成り、別名日韓新協約（第三次日韓協約）ともいう。大韓帝国の主要な国政（内政）は、予め（あらかじ）に統監府の指導を受けることが記されており、法令とか主要な行政処分も統監（府）の承認を受けねばならないとされており、高級官吏の任命権も統監の同意を受けねばならなかったし、また韓国軍の解散を規定していた。いわゆる「統監政治」なるものを謳っていた。

そして、安義士はついに決意するに至る。「教育は百年の大計」をもって可能とするが、そのような「正則」（あるいは正道）でもってしては今まさに亡びんとする祖国を救えない——と。安重根は国内における教育事業などに限界を覚えて武装闘争のために、再び帰ることがないかもしれない海外への亡命の途についた。安義士二九歳の春だった。

六、沿海州での義兵闘争と断指同盟

釜山を発った安重根義士は満州の北間島を経てウラジオストックに着くと、その地の韓人・崔在亨（チェジェヒョン）宅で起居しながら、彼を助けて義兵活動に加わった。当時、崔在亨は義兵大将の李範允（イボムユン）とともに国内に進攻する計画を企てて（くわだ）おり、これに合流する義兵を募って（つの）いた。安義士はウラジオストックから遠く南下してたチシンホ（地新墟。豆満江に隣接したロシア領にある最初の韓人部落）方面まで、広い地域を巡りながら同胞たちに会って、義兵に加わるよう説得し、同時に活動資金を集めるのに

予想外の成果を挙げていた。

一九〇八年六月、李範允と崔在亭が連合して組織された「沿海州義兵部隊」は、ついに国内進攻を開始した。安重根義士も参謀中将として三百余の兵力を率いて作戦に加わった。進攻初期、安重根部隊は敵軍を敗退させ、多数の日本軍を捕らえる戦果を収めた。安重根中将は、万国公法と人道主義に基づいて、日本軍数名を解き放った。しかしそれが仇となったのである。放たれた捕虜により自分たちの位置が露わになることにより、日本軍から追撃され、結局敗退してしまう。一か月以上の敵軍との死闘の末、やっと沿海州へ帰還した。国内侵攻作戦に敗れた安重根義士だったが、柳麟錫から「独立特派大将」という肩書きで再び特派部隊の結成と活動のための支援を試みた。しかし、敗戦の衝撃を受けていた僑民（在沿海州僑民）社会の呼応を得るのは容易ではなかった。

一九〇八年、安重根義士は親日売国団体である一進会（一九〇四〜一〇）の奇襲によって痛手を被った後、活動すべき同志たちを糾合することで一年を費やした。翌一九〇九年二月、エンチア（煙秋あるいは咽秋）付近のカリ部落で、同志たちとともに断指同盟を誓う。安重根を始めとする一二名の同志たちは太極旗（韓国の国旗）を展げて、各自の右手薬指の第一関節を切って、その血でもって「大韓独立」と記し、国権の回復と東洋の平和維持のために身を献げることを固く誓った。

七、世界を震撼させた七発の銃声

断指同盟以後、ウラジオストックとエンチアを行き来して義兵の再建に没頭していた安重根は、

その年一〇月下旬、「大同公報」（新聞名）社の社長・李剛（イガン）から、朝鮮侵略の元凶である伊藤博文がハルビンに来るという情報を得る。「伊藤が満州に来るとは！　これは明らかに天が与え給うた機会だ」と直感した安重根義士は、一〇月二一日に断指同盟の同志である禹徳淳（ウドクスン）とともにハルビンに向かって発った。その地で曺道先（チョドソン）同志と合流した安重根は、もしもの事態に備えて禹徳淳と曺道先を蔡家溝駅で待機させ、独りハルビンに入る。

ついに一九〇九年一〇月二六日午前九時頃、伊藤の乗った列車がプラットホームに着くと、出迎えに来ていたロシアの財務長官・ココフチェフ一行が列車内へと入ってから二〇分後、伊藤と随行員が日本のハルビン総領事の案内で列車から降り立った。伊藤が儀仗隊を視閲し、迎え客らから挨拶を受けている瞬間、ロシア軍の背後から機会を窺っていた安義士の拳銃が火を吹いた。胸と腹部に三発が命中すると、伊藤は何かひと言ふた言口ずさんで倒れると、安義士はもしかして別の人が伊藤かも知れないと思い、一行のうち日本人と思しき三名にさらに三発を放った。伊藤に従（つ）いていたハルビン日本総領事の川上、秘書官の森、満鉄理事の田中が引き続き倒れた。このときが午前九時三〇分。狙撃直後、安義士は飛びかかってきたロシア憲兵に抑えつけられたが、全身を振って立ち上がった安義士は力強い声で「カレーイ、ウラー（大韓万歳）」を三唱して捕らえられた。伊藤は随行の小山医師の応急処置を受けたが、すぐに絶命した。

伊藤の死は世界を驚愕（きょうがく）させ、衝撃を与えた。日本では大手主要新聞が号外を発行し、青天の霹靂（へきれき）のようだと彼の死を報じたが、一方韓国の国内外の愛国志士と国民たちは歓呼の賛辞を送ってやまなかった。中国もまた、恰（あたか）も自分たちの仇敵を撃ったかのように歓喜した。孫文や袁世凱らの政治

指導家は言うに及ばず、梁啓超、児涙らの文人たちも競って崇慕する辞や詩を作って称えた。

その後安義士は、ロシア憲兵によって逮捕され、ハルビン駅の憲兵分派所に連行されて簡単な調査を受けた後、その日に日本総領事館へと引き渡された。この事件のあった所は、ロシア管掌（あるいは管轄）区域だったが、一九〇五年の乙巳条約によって在外朝鮮人に対する裁判権は日本にあるというのが理由であった。また、ロシアが譲歩したのは、ロシア側の警備が手薄だったことが事件を起こしたという配慮があったのではないか、という説もある。

八、旅順監獄における闘争

安義士は在ハルビン日本総領事館地下室で七泊八日間もの訊問を受けた後、一一月三日別途逮捕された禹徳淳、曺道先、劉東夏（ユドンハ）らの同志とともに、旅順刑務所へと押送（おうそう）された。そこで溝口検察官から本格的な訊問を受けることになる。伊藤を殺害した理由を問う溝口に対して、安義士は次のように応えた。

一、韓国閔皇后、弑害之罪。
二、韓国皇帝、廃位之罪。
三、勅定五条約、与（と）七条約之罪。
四、虐殺無故（辜）之韓人之罪。

五、政権勒奪之罪。
六、鉄道鉱山、与山林川沢、勒奪之罪。
七、第一銀行券紙貨、勒用之罪。
八、軍隊解散之罪。
九、教育妨害之罪。
十、韓人外国遊学、禁止之罪。
十一、教科書、押収焼火之罪。
十二、韓国人欲受、日本保護云云、而誣罔世界之罪。
十三、現行日韓間、競争不息、殺戮不絶、韓国以太平無事之様、上欺、天皇之罪。
十四、東洋平和、破壊之罪。
十五、日本天皇陛下、父大皇帝弑殺之罪。

という一五項目を一つずつしっかりとした口調で述べると、検察官は当惑した。

安義士に対する訊問は、当初は比較的穏やかな雰囲気でなされたようである。義士自身も自叙伝のなかで「検察官はじっと小生を訊問した後、タバコを勧めたし公正なやりとりをしたし、栗原曲獄やその他の日本人官吏たちも皆、親切に対してくれたので有難かった」と記している。

しかし訊問が重ねられるにつれ、検察官の訊問が強圧的になってくると、安義士は、「日本が譬え、百万の軍を掠(かす)めとったとしても、また千万門の大砲を持ったとしても、安応七の命

一つ絶つ以外に何があろう。人が世に生まれて死するのは自然の理（ことわり）であり、一度死ねばそれまでの命なのに、既に死を覚悟した小生に何の心配があろうか。小生はもうこれ以上答えることがないので、勝手にしてほしい」と、毅然とした態度で検察官を叱りつけることもあった。

兄の消息を聞いて故国から駆けつけた定根（チョングン）と恭根（コングン）の二人の弟は、韓国人弁護士を呼ぶことを話すと、「一度死を覚悟して行ったのだ。弁護士よりも聖事を執り行ってくれる神父を呼んでくれるのが、もっと切実だよ」と言って、超然たる態度を見せた。

一九一〇年二月七日、安義士を始めとする四人の被告は、旅順関東都督法廷で都合五回の公判を受けた。外国人や多くの新聞記者ら三百名余の傍聴者がぎっしりと詰めかけた公判の場で、安義士は、

「小生が伊藤を殺したのは、韓国独立戦争のわずか一個の部分にすぎず、また小生が日本の法廷に立つことになったのも、戦争に敗けて捕虜になったからである。小生は個人の資格でこの挙を行ったわけではない。大韓義軍の参謀総長の資格で祖国の独立と東洋平和のために行ったのである。万国公法によって処理してくれることを望む」と、義挙の性格を堂々と述べた。

九、殉国と英雄の最期

一九一〇年二月一四日、最後の公判で安義士に死刑が宣告された。日本によって初めから意図された国際法違反の裁判結果であった。

「死刑」という宣告を受けると、安義士は「日本には死刑以上の刑罰はないのか」と言って、微笑を浮かべたという。安義士は上告することもできたが、控訴権を放棄した。安義士が義兵長たる気概を失わず控訴権を放棄したのには、母の心からの声援があったからである。面会で対した二人の弟から「正しいことをして受ける刑であるから、卑怯な真似をして生きることを求めるのではなく、大義に死すことこそ母への孝行である」と、母の切なる思いを伝え聞いて、母よりも先に死ぬのを申しわけないと思っていた義士の気持ちを気軽にしてくれた。

死刑が確定された後、義士は獄中で自叙伝の「安応七歴史」と「東洋平和論」を執筆する。そして自らの真心と哲学を込めた二百余の揮毫を書いて、周辺の人たちに手渡した。現在、二百余点の遺墨のうち一八〇点ほどが見つかっており、そのうち二六点が韓国宝物に指定されている。控訴を放棄して東洋平和論を認める余裕を与えたという平石高等法院長の約束にも拘わらず、三月二六日死刑が執行されたせいで、遺憾ながら未完成となってしまった。

「東洋平和論」は序文、前鑑、現状、伏線、問答など五つに分けて論じる企てであったようだが、序文と前鑑の一部をまとめる余裕しか与えられず、残りは構想のままとなった。

三月一〇日、朝鮮からやってきたウィレム神父から告解聖事（いわば懺悔）と領聖体（葡萄酒とパンを口に含む儀式）などをすることによって、教徒としての儀式を終えた安義士は、刑執行の一日前の三月二五日に二人の弟と最後の面会を果たす。安義士は母、妻、ウィレム神父らに残す六通の遺書を伝え、次のような遺言を残した。

「私が死んだ後、骨をハルビンの公園の側に埋葬し、わが国権が回復されたら故国へ返葬してほし

い。私は天国に逝っても、また当然わが国の国権回復のために力を尽くすであろう。お前たちは国に帰って同胞たちに、各自はすべて祖国の責任を担い、国民としての義務を果たし、心を一つにして力を合わわして功労を打ち立てて、業を成すように――。大韓独立の叫び声が天国にまで届けば、私は自ずと舞い、万歳を叫ぶであろう」

一九一〇年三月二六日の死刑執行の日、旅順の空はしとしとと春雨が降っていた。朝の食事を終えた安義士は、母が送ってくれた白い韓服を身にまとって、これまでの自分の獄中生活を親身になって世話してくれた千葉十七看守に一幅の揮毫を与えた。

「為国献身軍人本分」

安義士は最後の遺言の機会を与えてくれた執行官に、「私が行ったことは、ひたすら東洋平和を求めたものであるから、この場にいる日本人も私の意を理解してほしいし、韓国の彼我の区別なく人々は心を合わして東洋の平和を成し遂げるのに力尽くしてくれることを願む」と言って、従容して絞首台に向かった。午前一〇時一五分、三二歳の短い生涯をただひたすら民族の独立と平和のために生きた民族の英雄はそのようにしてわれわれから去って逝った。

安義士の亡骸は二人の弟の必死の抗議にも拘わらず、家族に引き渡されることなく日本人の手によって密かに暗葬（場所がわからないように埋葬すること）された。それは、家族に渡した場合、安義士の墓所が独立運動の聖地となるかも知れないと恐れた日本の凶悪な意図からだった。安義士が暗

葬された所は現在もなおベールに包まれたままで、遺骸はまだ故国に還っていない。安義士が殉国してからすでに一一〇年以上も過ぎたが、いまだわれわれは義士の遺言を果たしていない。

十、安重根が残した言葉と文章

安重根は「丈夫歌」（ますらおの歌）を詠（うた）って万感の想いを吐いた。

丈夫歌

丈夫処世兮　其志大矣
時造英雄兮　英雄造時
雄視天下兮　何日成業
東風漸寒兮　壮士義熱
憤慨一去兮　必成目的
鼠竊伊藤兮　豈肯比命
豈度至此兮　事勢固然
同胞同胞兮　速成大業
萬歳萬歳兮　大韓獨立

男子世に処すれば　その志は大きい
時が英雄を造り　英雄が時を造る
天下を雄視して　何（いつ）の日か業を成す
東風は漸く寒くとも　壮人の義は熱い
憤慨して一たび去ったが　目的は必ず成す
鼠（ねずみ）竊の伊藤よ　どうしてその命を肯（うべな）う
ここに至ることをはからんや　事の勢いは固まったようだ
同胞よ同胞よ　速く大業を成せ
万歳万歳　大韓独立

萬歳萬萬歳　大韓同胞　万歳万歳　大韓同胞

韓国人安応七の所懐

天が人を下し、世の中の皆が同胞(はらから)となった。各自自由を守って人生を楽しみ、死を忌み嫌うのは誰もが持っている潔い情である。今日、世の人々は儀礼ある文明の時代だと称えているが、私は独りそうでないということを嘆いている。およそ文明というものは、洋の東西問わず上下の区別なく、男女老少問わずそれぞれ天賦の性品を守って道徳を崇め、互いに争う気分を持たずして、自らの地で平安に生業を楽しみながらともに泰平を享受することで文明と言うことができる。ところが今日の時世はけっしてそうではなく、いわゆる上等社会の高等人種たちは議論が競争であり、研究が殺人の機械であり、それで東西六大州に大砲の煙と弾丸の火が絶え間なく、どうしてこれを嘆かざるを得ないか――。

今、東洋の大勢を述べれば、悲惨な現象がさらに深まり、実に述べることが難しい。伊藤博文なる人物は天下の大勢を深く汲み取ろうともせず、無闇に残酷な手を打って、東洋全体が将来滅亡するやも知れない事態に陥れている。

悲しい哉、天下大勢を遙かに案じるべき青年諸君が、どうして手を拱(こまね)き、何らの方策も考えず、ただ座して死を待つのが正しいのか――。したがって私は考えに窮し、ハルビンにて銃一発を万人が見ている前で、老いた盗賊・伊藤の罪悪を糾弾し、志のある東洋の青年の精神を呼び起こしたの

だ。

（この所懐（思うところ）は一九〇九年一一月六日、安義士が旅順刑務所へ移監された直後、検察官の初めての訊問に先立ち、伊藤博文の罪悪状一五条とともに書面で提出した文書の大意である）

人心結合論

およそ人が万物よりも貴いのは、他でもなく「三綱五倫」があるからである。三綱とは君臣・父子・夫婦の道のことで、君は臣の綱（おおづな）であり、父は子の綱であり、夫は婦の綱であるということだ。それほど強い契り（ちぎ）があるということである。五倫とは人の常（つね）に寄らなければならない五つの道のことをいう。それで五常ともいうが、つまり父子の親、君臣の義、夫婦の別、長幼の序、朋友の信のことをいう。

従って、人が世に生まれてもの心がついた頃に、まず始めることは身を清め、次に周辺（家の中）を整頓し、三に国を守ることだ。

そうして人は、身と心を互いに合わして生命を保護し、家は父母と妻子によって維持され、国は国民の上下による団結によって保存されるはずなのだ。実に悲しい哉！　わが国は今日、このような惨憺たる境地に陥っているが、そのわけはほかでもなく、お互いに一つに合わさることができないでいるのが、最も大きな原因である。

この不和なる宿痾（重い病い）の原因は、何を隠そうわが民族の「驕慢病」である。数多の害毒が驕慢から生じており、いわゆる驕慢な輩は自分よりも優れたものを忌み嫌い、自分よりも弱いものを侮り、同等な者とは互いに争って、自分は負けて下の者にならないとしようとするから、どうして互いに合わさって一つになることができようか。しかし、驕慢を矯正（ただす、なおす）するのは、何を隠そう謙遜である。

人がもし各自、謙遜であらんとして、自己を見下して他人を尊び、他者が自己を咎めるのを寛く受け容れ、自分の功を他者に譲るならば、人が獣でない限りどうして互いに不和となる理があろうか——。

昔、ある国の王様が死の間際に息子たちを呼び寄せて戒めるようにしてこう言った。

「お前たちは、もし儂が死んだ後に、兄弟同志を一つにすることができないと、簡単に他人の力によって殺がれてしまうだろうが、心を一つにして力を合わせさえすれば、けっして他の者たちから負かされることはないだろう」

いまここで、故国の山や川を眺めると、無辜の同胞たちが惜し涙を流しながら殺されている。さらに、祖先の亡骸までも打ち壊す音を聞くには堪えない。

目覚めよ！　沿海州にいる同胞たちよ！　本国の消息を聞いてはいないのか。貴方たちの一族親戚は皆、大韓の地におり、貴方たち祖先の墳墓も母国の山河にあるというのに。根っこが枯渇すれば幹や枝葉も涸びるのが道理だ。祖先から血を同じくする同胞がずっと以前から屈辱を強いられており、わが身をいかに処すればいいのか——。

わが同胞たちよ！　各自「不和」の二文字を打ち砕いて「結合」の二文字を固く守って、子女たちを教育し、青年諸君は死を覚悟して、速やかにわが国権を回復した後に、太極旗を高く掲げて妻子眷属（一族）と独立館（独立の地、独立した祖国）に集い、一心一体となって六大州（世界）が震動するくらいの大韓独立万歳を呼ぶことを期そう。

以上を内容とする文章を、安義士は一九〇八年三月二一日付「海朝新聞」（ウラジオストックで韓国人が発刊）に載せた。

「東洋平和論」序文

おおよそ、集い会すれば成功し、散らばれば敗れるということは万古から明らかに定まっている理である。現今、世界は東西に分けられており、人種もそれぞれ異なり競いあっている。日常生活においての利器道具のようなものをみると、農業や商業におけるものよりもはるかに高い新発明の電気砲や飛行船、浸水艇などはすべて人間を傷つけ、物を害する機械（武器）である。

青年たちを訓練し、戦場へと送り込んでは、数万の貴重な生命を犠牲としてしまい、彼らの血が川となし、そこで魚が遊弋して散乱しているのが日々絶えない。生きることを好み、死を嫌うのはすべての人の情であるのに、昼中の世においてこれは何たる光景なのか。言葉と考えが継がって行き届けば、骨が冷え、心が寒くなるほどだ。

その根本を突き詰めると、古より東洋民族はただ文学にのみ力を注ぎ、自分の国だけを心して守

ったにすぎず、いっかな欧州の一寸の地さえ侵(おか)さざることを、六大州に住む人ばかりか獣や草木すらが知っているところだ。

ところが近々数百年以来、欧州のいくつかの諸国は、道徳をすっかり忘れたのか、あからさまに武力をもって競争することを養成しても、少しも嘆かわしくないのだ。そのなかでもロシアが最も甚だしい。その暴行と残害なることは、西欧や東洋のいずれのところでも及ばないところがなく、悪が蔓(はびこ)り罪が溢(あふ)れても、神と人は共に生じたが故に、天が一つのけじめを下し、東海(日本海)にある小さな島国の日本をして、このような強大国のロシアを満州大陸から一撃で叩き倒すようにしたのだ。誰が能(よ)くこんなことを想像しただろうか。

これは天に順で、地の慮(おもんぱか)りを受けたものであり、人の情に応(こた)える理(ことわり)である。当時もし、韓・清(中国)人民の上下が一致して前日の仇(あだ)を返そうとして日本を排斥してロシアに味方したならば、大きな勝利を収められなかったが、どうしてこれを十分に予想しただろうか。

しかし、韓・清両国民はこのような行動をしなかったばかりか、日本の軍隊を歓迎して、運輸、治道(道路の修理・修繕)、偵探(探偵)などの任に専ら手助けしたことを忘れたのは何故なのか。それには大きな二つの事由があった。日本とロシアの開戦時、日本天皇の宣戦布告文に「東洋平和を維持し、大韓の独立を鞏固(きょうこ)にする」云々とあるように、このような大義が青天白日の光よりも明るかったので、韓・清の人々は知識のある者、ない者を問わず一致同心して従うことがその一つであり、日本とロシアの戦いが黄色人種と白色人種の競争だと言えるので、かつて仇敵となった感情が一瞬にして消え去り、かえって一つの大きな人種を愛する輩や群(一大愛種党)をなしたから、こ

れもまたまさしく合理的な理由の一つである。

愉快かな、殊勝かな。数百年以来、悪行を行ってきた白人種の先鋒を太鼓の一笛でもって大きく打ち砕いたのだから、まさしく千古稀にみる事件であり、万邦（世界）が記念すべき軌跡である。当時、韓・清両国の有志たちがとくに約束せず、ともに喜んでやまなかったのは、日本の政略や今後やろうとしていることは、東西（洋）の天地が開闢（天地開闢、創造）後、最も魁傑な（すぐれた）大事業であり、すがすがしいことだと、自ら慮ったからである。

悲しいかな、千々万々（もしやもしや）、（日本は）意外にも勝利・凱旋した後、最も近くてまた最も親しく、善良だが弱小の、同じ人種の韓国を抑圧する条約を結び、満州の長春以南の租借をかこつけて占拠すると、世界の一般人（人々）の脳裡に疑心が忽然として起きて、日本の（これまでの）偉大な名声と正しくて大きな功勲が、一朝にして変貌してしまい、蛮行を事とするロシアよりもずっと怖い様相を呈するようになった。

悲しいかな、龍虎の形ふりをして、どうして蛇や猫のような行動をするというのか。このように、逢うのが難しい好期をまたいつの日にか迎えるか、惜しくて痛恨なことだ。

「東洋平和」「韓国独立」という二つの語句に至っては、すでに天下万国の人々の耳目には明らかで、金石（文）のように固く信じられているし、韓・清両国の大々の肝脳に捺印のように押されているのである。このように文字思想（言辞）は、たとえ天神の能力をもってしても、ついに消滅させるのが難しいどころか、ましてや一人や二人の知謀で、どうして能く抹殺することができようか。

現今、西勢が東漸してくる禍患（わざわい）を東洋の人種が一致団結して極力防禦しなければな

らない第一の上策は、三尺の童でもわかりきっている。にも拘わらず、いかなる理由で日本はこのような順然（道理にかなう）たる形勢を振り返って見ようともせず、同じ人種である隣国を叩いて、友誼を裁ち、自ら「鷸蚌の形勢」、すなわちシギとハマグリが相争う状況をつくって、漁夫の利を得るのを待とうとしているのか。そして今や、韓・清両国人の望むところが大きく切断されてしまった。

もし、政略（政策）を立て直さずにして、（力による）逼迫が日増しに甚だしくなれば、やむを得ずむしろいっそうのこと他の人種に滅亡されても、同じ人種に辱めを受けたくないという議論（意見）が韓・清の国民の肺腑（心の奥底）に湧き上がっており、上下が一体になって進んで白人の手先になろうとしていることは火を見るよりも明らかなことだ。

そうなれば、東洋の何億という黄（色）人種の中の多くの有志と慷慨している男児が、どうして袖手傍観（拱手傍観）して座し、東洋全体が黒焦げになって焼け死ぬ惨状を待つであろう。またそれが正しいであろうか。それで（私は）、東洋平和のための義戦をハルビンで開き、談判する場を旅順に定め、引き続き東洋平和について意見を提出した。これを皆さんの眼で深く考えて下さい。

（付記――一説によると安重根はこの東洋平和論を完成するために、刑の執行を一五日間延期することを願い出たが、かなえられなかったという。返す返すも残念でならない）

参考文献

・『安重根　文集』（尹炳奭編訳。韓国独立運動史研究所、独立記念館。二〇一一年）
・『民族の英雄　安重根義士』（安重根義士記念館、国家報勲庁）
・『安重根と朝鮮独立運動の源流』（市川正明、原書房。二〇〇五年）

安重根と千葉十七

——金容権

玄海(界)灘に「見えない橋」が架けられていた！
安重根と千葉十七の心の〝交流〟が築いた今日的意義を問う

歴史に埋れた人物、千葉十七

韓国ではもちろんのこと、日本でさえも安重根（日本では従来「あん・じゅうこん」と呼ばれてきた）のほうが千葉十七よりもずっと知られている。安重根というと、彼に暗殺された伊藤博文がいつもセットでイメージされることが多いようだ。ここで述べる千葉十七と安重根の関係は、馴染まない違和感があるのだろうか。それはどうしてなのか――。

それは、「歴史」はつねに書かれたものによってつくられ、それを通じて人びとはイメージするからではなかろうか。

「安重根と伊藤博文」の組み合せが自然なのは、一九〇九年十月二十六日、安重根が伊藤博文をハルビン駅頭で狙撃暗殺した事件が、日本・朝鮮はもとより、世界を震撼させるほどのビッグニュースであったし、それだけに後世に広く伝えられてきたからであろう。現に日本の歴史教科書にもこう記されている。

「……日本の侵略に対し、朝鮮の人々は武器を取って戦いました。そのなかに、伊藤博文が朝鮮の青年安重根に射殺されるという事件もありました」と。

最近は雑誌やテレビの娯楽番組でも安重根は取り上げられることがたまにあるが、やはりそこでも伊藤博文との関係で語られている。

確かに「歴史」は、後世の史家や、あるいは広い意味でのもの書きの人たちによってつくられる面が多分にある。彼らの手によって描かれ、紹介されることで世の中に伝えられ、人びとはそこから知識・情報を得てイメージを形成していくのだろう。

ところが、その書かれたものは、一方では「競争原理」に晒（さら）されるので、いきおい商業主義になったり、あるいは逆に重く、難しい問題として処理されることが多い。安重根の場合は傾向的には後者に属すると言えようが、事件の性質上それはつねに「政治」の問題として扱われてきたきらいがあるからだろう。「政治」に限定されると、ますます千葉十七との組合せは縁遠くなるしかない。たとえば教科書での扱いを見れば、しばしば政治→経済→社会→文化芸術の順に別個に記述されている。

しかし、ひと口にもの書きといってもいろんな分野があり、史家や社会科学系統は別にして、主に人間を描くいわゆる小説家は、人間の心理、人情の機微を描くことが多い。彼らは、歴史のひだに埋もれた特異で欠けがえのない人物キャラクターを発掘したり、また逆に捨てたりすることがある。

二十六年前の一九九六年に書かれた佐木隆三の『伊藤博文と安重根』（文藝春秋刊）は、タイト

ルがそのまま物語るように、千葉十七のことはほとんど無視され、わずか数行しか触れられていない。だがそこには重要な指摘も含まれている。

佐木は千葉十七については、旅順監獄署の看守に任じられて「警察官心得一則」を上官から渡されている場面から登場させている。そこのところを引いてみよう。

「非を治めるには、理をもってしなければならない。治を保つには、非常に戒めなければならない。たとえば酒を温めるには、その温度より勝る温度でなければ、温めることはできない。人を戒める者は、まず先に己を正し、かつ己に注意して、人に及ぼすべきである」

ところが、じつは逆に看守の千葉のほうが安重根によって「温められた」と佐木が言っているのはその通りであるが、その〝過程〟については何も書いていない。これでは、いささか画龍点睛を欠き残念というほかない。

獄中の安に〝温められた〟千葉

日本において、安重根というと暗殺事件に象徴されるように、その行動に関心がいきがちであるが、むしろ彼が教育事業を行った事実や、獄中で書いた「東洋平和論」や遺墨に見られるその思想性に注目すべきだろう。安重根が韓国では、志操をもつ義士として呼ばれるゆえんである。

彼はまた、「本来文明とは東西の賢人、男女、老人、少年を論ずることなく、すべての者が天賦の性（格）を守って道徳を尊び、互いに争いのない心をもって生活し、ともに泰平を享受すること

である」と述べているが、これは痛烈な反帝国主義かつ反侵略主義的な平和思想である。

平和思想の持ち主がまたどうして暗殺劇へと走ったのか、という疑問もあろうが、それは朝鮮民族を奮い立たせるための切羽詰まった最後的手段であった。これについては、拙訳の『安重根』（韓碩青(ハンスクチュン)著、上・下刊、一九七七年、作品社）を読んでいただきたい。

＊

千葉十七は、三か月にわたって安重根を監視するなかで、安の思想、人柄、性格など全体を知るようになる。この過程で「温められる」のであるが、これについては一九九四年に出た『わが心の安重根――千葉十七・合掌の生涯』（斎藤泰彦著、五月書房）という本でようやくというか、初めて明らかにされたといってよいだろう。
この本によれば、千葉の任務は安が死刑執行されるまで三か月間つづくが、千葉にとって当初、この看守役ははなはだ憂鬱なものだったらしい。安が明治トップの元勲を殺した重大犯人であるというだけでなく、彼を通して感じられる何か得体の知れない不安感があったからである。だから当初、千葉は、
〈この男が、日本の最も偉大な政治家を殺してしまった。それが、なぜ義挙なのか――〉
と、訝(いぶか)っていたのに、しだいに、
〈安は、伊藤公への個人的な恨みではなく、日本に向って何か真剣に訴えている〉
〈やはりこの男は、ただ者ではない〉
〈安の義挙とは、韓国民の止むにやまれぬ心（気持）であったのか〉

という思いに至り、自分を納得させ、ついには安に心服するようになる。大雑把であるが、以上が千葉が安に「温められるようになる」過程の骨子である。惜しむらくは二人の心の通い合い（交流、交感）が万感胸に迫るようなところまでは描ききっていないが、著者の斎藤泰彦氏は、千葉十七を祀る大林寺住職として縁者たちから出来る限り事実を忠実に掘り起こそうとして、フィクションとして書く小説の手法を用いなかったから、それは仕方がないのかもしれない。あるいは、住職はもと新聞記者だったので、事実で押していく手法を採用したのかもしれない。

ともあれ、このたびこの本をもとに『霧雨の朝』と題して映画化が具体的に進んでいるというからたのしみである。聞くところによると、映画では大胆な仮説を構想し、二人の友情、至情を活写するという。大いに期待したいところだ。しかし、この映画化は主人公（安重根役）になる俳優（木村一八。漫才師・横山やすしの長男）の傷害沙汰などが原因で実現しなかった。

魯迅、孫文の紹介との格差

私がどうしてこんなことを書くのかというと、安重根と千葉十七の関係をどうしていままで日本では具体化させなかったのかという無念さがあるからだ。

魯迅は自ら『藤野先生』を書いて一人の中国人と一人の日本人の関係を国家、民族を越えた次元で位置づけ、それによって逆に国家、民族間の軋みを潤わせた。中国人と日本人の間には、魯迅と

藤野先生以外にも、たとえば孫文と宮崎滔天の例があるし、最近（九九年九月三日）も新しく発掘された周恩来と画家・保田龍門の友情関係がテレビ番組（テレビ東京）で一時間半も放映されていた。

中国人と日本人のこうした交わりは、もとより民衆レベルでも無数にあったはずだ。そしてまた、朝鮮人・韓国人と日本人との間にももとよりあったはずである。しかし、文字に書かれ広く読まれることはこれまでほとんどなかったのではないだろうか。

石川啄木の詩に次のようなよく知られているものがある。

地図の上朝鮮国に黒々と墨をぬりつゝ秋風を聴く

これは紛れもなく、一九一〇年八月二十九日のいわゆる「韓国併合」に際し、啄木が朝鮮民族へ心を寄せて歌ったものである。ところが啄木がそのあとにつくった「ココアのひと匙」に出てくるテロリストについては、何故か日本では大逆事件の幸徳秋水、あるいは無政府主義者のクロポトキンになぞらえて歌っていると考えてきた。その詩にはこうある。

われは知る、テロリストのかなしき心を——言葉とおこなひとを分ちがたき
ただひとつの心を
奪はれたる言葉のかはりに

「啄木の胸に安重根あり」

韓国の研究者が新説

われは知るテロリストのかなしき心を

石川啄木の詩「ココアのひと匙（さじ）」に出てくる「テロリスト」は、伊藤博文を暗殺した韓国の独立運動家・安重根を指すのではないか、という研究発表が、このほど盛岡市で開かれた日本社会文学会の国際シンポジウムであった。発表者は韓国の啄木研究者、呉英珍・東国大教授(五八)。新しい説だけに、日本側出席者の関心を集めた。

日本社会文学会は、文学と社会問題との関係を研究するための学会。盛岡市で開いた岩手大会の一環として「地球的視野から見た石川啄木と宮沢賢治」をテーマとした国際シンポジウムを開いた。

啄木が「ココアのひと匙」をつくったのは一九一一年（明治四十四年）。「われは知る、テロリストのかなしき心を――」の書き出しで始まり、テロリズムに走らざるをえない人間への理解と同情がつづられている。

啄木研究者によれば、啄木は一九一〇年（明治四十三年）の大逆事件に衝撃を受け、これを機に社会主義思想や帝政ロシアのナロードニキに強い関心を抱くようになった。このため、「ココアのひと匙」に出てくる「テロリスト」も、ナロードニキや、大逆事件の一部被告を指すのではないか、との見方が我が国では一般的という。

しかし、同シンポジウムでパネリストを務めた呉教授は「安重根のことではないか」と推測し、その根拠として啄木が当時、韓国の立場を理解し、同情していた事実を挙げた。

安重根がハルビン駅で伊藤博文を暗殺したのは一九〇九年（明治四十二年）十月だが、呉教授によると、その時、啄木は岩手県の新聞に連載中の「百回通信」の中で、伊藤博文をたたえる一方で、「其（そ）の）損害は意外に大なりと雖（いえ）ども、吾人（ごじん）は韓人の愍（あわれ）むべきを知りて、未だ真に憎むべき所以を知らず。寛大にして情を解する公（伊藤博文のこと）も亦（また）、吾人と共に韓人の心事を悲しみしならん」などと書いているという。

（「韓人」は韓国併合後、日本側が使った表現だが、当時の資料をそのまま使用した）

シンポジウムの座長を務めた西田勝・法政大教授（文芸評論）は「意外や意外という感じで、即座には否定も賛成もできない。が、検討に値する問題提起だ」と述べた。

安　重根　石川　啄木

「朝日新聞」1993年11月22日夕刊

おこなひをもて語らむとする心を、われとわがからだを敵に擲げつくる心を——しかして、そは真面目にして熱心なる人の常に有つかなしみなり。

ここに出てくるテロリストとは、じつは安重根ではないかと指摘したのは、韓国東国大学の呉英珍教授である。呉教授の説は、朝日新聞紙上で公にされたし、さらにその後同社刊の『論座』誌でも詳述されたが、それを読んだある啄木研究者の投書は、私が言いたかったことを言尽しているので、少し長いが紹介しておきたい。

「前のことになるが、（一九九八年）九月号（朝日新聞の論座）に掲載された呉英珍氏の『啄木が共感寄せて詠んだ〝悲しき安重根〟』はきわめて注目すべき一文だったのに、その後、反響らしきものが本誌の読者欄にも現れないので、いささか寂しく、ペンを執ることにした。

呉氏の論は、石川啄木晩年の絶唱ともいうべき『呼子と口笛』の「ココアのひと匙」に出てくる〈テロリスト〉を、伊藤博文を殺した安重根に擬しているが、山本健吉・伊藤整ら名だたる評論家も安重根を無視したのか、忘れていたのとは、いささか異様にうつる。

そして、啄木の非凡な先駆的時代批判に注目し続けて

呉英珍（韓国東国大学名誉教授。啄木研究者）

きた（つもりの）一人として私自身も、『数多い日本の啄木研究者のなか誰一人として……』の呉氏の指摘に一言半句すらもない。

金大中大統領の訪日で『日韓共同宣言』が発表されたが、ことは済んだのではなく、むしろこれからだろう。問題は、百瀬格著『韓国が死んでも日本に追いつけない一八の理由』の第五章『人間対人間の出会いを求めて』を日韓（日朝）の基本に据えることに尽きる。この本は書名が内容にそぐわず不適切なのが残念だが、百瀬氏がトーメン社員としてソウルへ赴任し、三〇年にわたり韓国経済に貢献しただけでなく、『日韓相互理解のために余生を捧げたい』と決意されているのを知ると、やっとアジアの中で安住できる時代の曙光がさしてきたと、強い共感を覚えるのである」（愛知県小牧市、編集者、百瀬正昭・六七歳。『論座』一九九八年十二月より）

＊

かつて歴史家の石母田正は、啄木がその年若き死の晩年に至ってようやく社会主義へ思いを寄せたのは、「民衆にたいする愛情」と「郷土にたいする愛情」のゆえだと述べているが、これはまた、千葉十七においてもよく似た回路を通じて安重根の行いと考えに共感を寄せたように思う。前出の『わが心の安重根』で、斎藤泰彦氏はそのことを結論的にこう書いている。

「千葉はあれこれ考えているうち、日本の故郷で働いている両親や、静かな農村の暮らしが無性になつかしくなった。貧しい山村だが、そこには同じ日本人が誰と争うこともなく、しあわせに暮らしている。それが平和というものなら、安の国はたしかに不幸だ。そのようになったのが、安の指摘するとおり日本にも責任があるというなら、この事件は何というみじめなものではないか、と千

千葉十七は、故郷の宮城県栗原市若柳の地にある大林寺に、安重根から頂いた揮毫「為国献身軍人本分」をもとにした碑とともに安らかに眠っている。

葉はわびしくなった」

千葉十七は「国の平和とは、貧しくとも人々が独立して生きていけることだ」ということを安重根から教えられる。そのためには、各国はそれぞれ互いを尊重し合わねばならないが、現に安の祖国朝鮮は、最も尊重してもらうべき日本に侵されようとしている。

安重根が刑場に赴く直前に千葉に贈った揮毫、「為国献身軍人本分」（国の為に身を献ずるは軍人の本分なり）は、自分と千葉に言い聞かせたものであったに違いない。帝国主義の角逐戦において、軍人は他国へ侵略するのではなく、自国を守ることが務めであることを言ったのであろう。

安が獄中五か月ほどの間に、最後に書いた揮毫が、千葉に贈ったものであった（安

は、二〇〇点以上書いており、六〇点ほどの存在が現在確認されている)。

一九二一年四月、三十六歳で退官して帰郷した千葉は、晩年は癌と闘いながら五十歳で没するまで、安から頂いた遺墨を大切に守りながらひたすら「安重根と、その国の人々」に懺悔する毎日であったという。

千葉に贈られた揮毫(一九頁参照)は一九七九年十二月、韓国に返還され、現在「宝物第115―2号」としてソウル南山(ナムサン)の安重根記念館に収められ、それがまた大きな花崗岩に刻まれて屹立するように記念館の前に建っている。

返還後、千葉十七が眠る宮城県栗駒町在の大林寺では、十七の命日の九月六日に安重根と千葉十七の追悼法会が開かれるようになった。一九九九年は十九回忌にあたった。三百人近い人たちが日本全国と韓国から集まった(この文章は一九九九年の年末頃に同人誌に書いたものである)。

安重根と千葉十七の死後も取り持つ日韓の縁

1879年、朝鮮黄海道に生まれた安重根（幼名応七）は、1904年朝鮮が日本の軍事支配下に入ると国権回復運動に従事し、上海での組織づくりや平安南道での学校建設による愛国啓蒙運動などを経て、ウラジオストックに移り、義兵闘争を展開する。1908年、義兵を率いて咸鏡北道へ進撃したが敗退。翌年、前韓国統監の伊藤博文がハルビンへ来るのを知って暗殺を計画、10月26日、ハルビン駅頭で伊藤を短銃で射殺した。

現場で逮捕された安は、関東都督府地方法院で死刑判決を受け、旅順監獄に収監。翌1910年、同監獄で処刑された。その後、朝鮮では安重根は義士と称えられ、その行動は長く朝鮮の独立運動を鼓舞したとされる。

一方、千葉十七は1885年（明治18)、宮城県栗原郡鳥矢崎村に生まれた。17歳で徴兵検査を受け、入隊後はすぐに憲兵を志願、伊藤博文暗殺事件当時は旅順の関東部督府憲兵隊にいて陸軍憲兵上等兵であった。

事件後すぐにハルビンに派遣され、旅順まで安の押送に当たった千葉は、そのまま旅順監獄で安の看守役に就任。取り調べから公判へ、さらに死刑判決から処刑へとつづく五か月の期間を安の身近で過ごすことになった。その間に触れた安の人柄や思想に立場を超えて共感と理解を深め、戦後も安に贈られた遺墨を保管、故郷で供養を続けた。

事件70年後の1979年11月、安重根生誕百年に当たり、遺墨は千葉の子孫の手で韓国に寄贈され、同時にこの遺墨を刻んだ「安と千葉の記念碑」が、日韓友好を記念して千葉の眠る宮城県若葉町の大林寺に建立された。以後、大林寺住職で『わが心の安重根——千葉十七・合掌の生涯』の著者、斎藤泰彦氏らを中心に多くの日韓人によって両人の追悼法要が毎秋続けられている。

『安重根』（原文）

——朴殷植

安重根傳

緒言

滄海老紡室稿

昔謝皐羽痛哭西臺招文丞相魂嗚咽淋漓歷千古不沒黃梨洲竄身南雷收拾殉難諸人之蹟表章不遺餘力是蓋天理人情之不容已者余雖無狀亦抱二氏之痛者也白首逋蹤異域飄零瞻望故國禾黍蕭條吾所愛兄弟之死於異族之手者歲不知其幾千滔滔黃海寃血長流凡平日稍以志氣才識現其頭角者無一能逃其網焉每一念及五內如割天乎天乎胡寧忍斯西臺之哭招忠魂南雷之收拾遺跡誠有不能已於情者而東西奔竄無暇把毫孤負我忠義之兄弟久矣至若涉層溟屠巨鯨聲振環宇光燦古今之安重根轟轟乎烈烈乎固有不待後死者之表彰而垂之無窮也自余之來此也凡官紳學生農商工賈之流無不以重根之事垂問以吾韓人而不能舉其歷史則亦烏可謂之有人心耶旅館寒窓邊風颯颯援筆述此以副天下之人之求也

夫據安重根歷史而論之亦曰舍身救國之志士而已爲韓報仇之烈俠而已余以爲未足以盡重根也重根具世界之眼光而自任平和之代表者也以天下之大勢言之金甌統一據亞洲之中心關係大局之治亂者中國也以唇齒之密接而關係中國之安危者韓國也日本東海島國

島人之性每馳思域外銳於進取且其地處東洋之要衝西舶之東來者先泊於此受外人之摩擦較早於中韓故倣傚西法突然先進使能爲大局計對於鄰邦置侵略政策而互相扶將之則東洋之平和可企而世界之戰禍可弭也計不出此日惟侵佔鄰疆以冀發展其勢力甲午之役已有索遼東半島之問題及夫戰退俄人以爲天下莫余阻也得隴望蜀未達滿韓經營之目的不止以區區島中之牛馳突於大陸方面不亦榮哉然自西勢東漸以來列强之視線集注中原而彼乃爲操刀先割之計是不特擾亂中國抑亦啟各國之競逐爲億兆之生命財產糜爛炮火世界豈人道之所許耶破壞大局之平和實伊藤之侵略主義尸之重根既以世界之平和爲希望卽認伊藤爲平和之公敵以爲戎首不除則禍不可弭擲一己之生命購世界之平和是無上之幸福也主義相反勢不俱生其結果乃至於此以是論之重根具世界之眼光而自任平和之代表者豈特爲韓報仇已乎

之を尸にす。

安重根傳

第一章　重根之出世

韓亞洲東部之舊國也東西南濱海北連大陸成半島形山川佳麗人文夙開始祖檀君建國於中國唐堯之世創祭天之禮以昭報本之義子扶婁以玉帛赴夏禹塗山會殷太師箕子避周東來以八條教民婦女貞信不淫民不相盜外戶不閉有仁賢之化高句麗渤海以武力雄東方新羅百濟高麗以及李氏朝世修文教倫理彬彬蓋以君子之國位於世界者四千三百餘年一朝爲强暴所乘而踣焉豈其無忠義之血發表其歷史之光者乎昔張子房東見滄海君得力士椎擊秦皇帝博浪沙中天下振動今之江陵卽古滄海力士之鄕也高句麗東川王爲魏兵所逐蹙處海濱國幾亡東部紐由挾短刀刺魏將以復其國新羅大臣于老之妻饗倭使而焚殺之以報夫仇黃昌郞十三歲舞劍刺百濟王復其父仇高句麗卒從使者入江都欲以伏弩射隋帝楊廣以紓國難此又義俠之魂之流傳者至於今日亦豈無奮遏憤激而震驚宇內者乎於是白山黃海之間有安重根出焉

安重根韓國黃海道海州人州背負首山前臨大海爲一都會高麗時州人崔沖聰慧好學大倡儒教稱爲海東孔子本朝名儒李珥卜居於州西之石潭愛其山水也重根父泰勳進士幼稱神

童以詩名世慷慨有氣節甲午東學黨作亂募鄉兵討之重根生而胸有黑痣類棋子者七狀如北斗祖仁秀異之名應七後因爲字泰勳常在京師遊學故重根育於其祖七歲時徙居信川郡清溪洞聰穎過人通經史工書藝而遊戲必挾弓矢弄鎗械習馳馬爲常以故射藝絕倫能於馬上落飛鳥也

第二章　重根之幼年破賊

重根年十五是爲甲午之歲東學倡亂東亞大局變動之會亦爲重根活動初步之期時東徒蔓延各地恣行殺掠其焰甚熾而升平之久民皆惶愀奔竄莫有攖其鋒者泰勳倡義重根願從軍泰勳呵之曰兵死地小子膽敢乃爾重根曰大人爲國討賊不顧身而兒忍安坐恬視乎卽荷鎗而出遇戰輒先數月間經數十戰屢獲勝泰勳奇之賊黨聞而大怒曰安家父子敢如是耶卽檄召遠近衆至萬餘進逼清溪洞包圍四面聲言屠戮砲響震山谷時義軍不滿百人守備實踈而大敵猝至里中人民皆恟懼欲竄重根曰賊雖衆無戰藝無紀律不足懼也卽突進猛擊砲無虛發賊死傷甚衆大驚潰走義軍獲馬匹砲彈無數時重根身不滿五尺着紅衣賊黨畏之以爲天降之紅衣將軍蓋韓俗紅衣爲兒童常服也時宰相有估公穀爲私利者泰勳截爲兵餉亂定宰相勒之急泰勳遂入法國人天主教堂教人聞其盛名歡迎藉甚由是重根爲天主教人

第三章　重根之尙武主義

明年春亂黨既平乃散兵歸農重根謂里中人士曰我國崇文黜武民不知兵以致積弱之甚東學不過烏合之亂徒而爲患數年官軍不能即日剿定荼毒生民如此脫一朝有外敵之強乘我之弱者必不能以一彈相加土崩瓦解必無幸焉今吾輩棲息山中數至少也而常鍊習砲射培養武氣導我國民漸移文弱之習趨武強之風豈不爲陰雨之備哉乃傾家財購鎗械遠近少年有合武人資格者輒與之而資鍊習由是里人多嫺於武藝者迨二十歲以後遊歷黃海平安京畿諸處擇少年之強壯有志者組成團體研究兵事而武器則悉自擔而辦之嗚呼吾國陷於文弱久矣蓋國家對峙種族角立勢必競爭其勝敗存亡決於強弱而已故其民武強而勇敢健鬬者霸主也獅虎也其民文弱而恇懦畏死者奴隸也羊豚也印度以二億之衆僕役於三島之英吉利日受鞭箠之苦楚者文弱也塞耳維亞以一百萬之民能破突厥而揚獨立之旗幟者武強也以我家歷史觀之在昔高句麗崛起卒本之一部落能征服各邦雄視東表赫赫霸業垂七百年者非尙武之効歟乃至本朝號尙文治黜武太甚廟堂肉食之流皆身不跨馬談不及兵擯武班不得與士大夫伍日惟粉飾太平以媚君上驕張私權以虐人民而已且上流人士之爲國民師表者亦皆心醉宋學之糟粕武斷士林之言論指事功爲俗學斥騎射爲賤技摧抑武風銷鑠民氣閉戶闔眼自驕自逸若是而不亡者未之或有而況世界風雲大演慘劇耽耽列強日以侵呑弱國撲滅孱種爲當行義務疾足爭先之今日乎吁其殆矣重根自幼時卽慨然於是方擧世

齣齣之日、獨具勃勃之氣、欲以尙武主義挽回民弱、以扶國危、雖地處卑微已無寸權不能展其志奏其效而其見識之卓越、經營之慘澹豈庸常之企及者哉

第四章　重根之義俠

戊戌三月重根遊漢城携同志數人散步街上適有韓人騎馬而過者有一日人突出不意將韓人曳而下之欲奪馬去韓人之在傍者皆錯愕不敢問重根見之大叱左手挾持其頸右手出拳鎗擬其腹欲射之曰蠻奴敢行此不法耶將馬還主吾活之否死衆倭環視、懼莫敢祖還馬求原遂釋之韓人扶之欲知其名者多噫彼日人僑居韓國敢於白晝大都之中公行此等不法視若無人、何故、嘗試我民氣耳、蓋日本之謀人國也機變巧譎計慮周密凡其國人之在他邦者無論上下貴賤均抱政治思想者故其行商者勞動者賣藥者賣淫女皆間諜也此輩類能密探國情嘗試民氣以供政界之採訪吁可畏哉此時若無重根出而挫其橫暴者彼必認我韓人爲無血氣無兄弟禦侮之義無爲國敵愾之心者也舍此不圖更於何圖彼其強行奪物將進而強行奪國豈細故哉彼輩在韓各地爲此等嘗試者甚多而安得重根之千百其身而救之耶重根家素饒且多口而不問治產日尋各地有志提倡尙武主義其有窮乏者輒傾財賙之急於飢渴見武器之良者不惜賣田土而購之雖生計漸絀而不少爲意也

第五章　日本經營韓國及伊藤勒締保護條約之概況

日本極東之島國與韓隔一海峽古代飲食衣服宮室之制與天文醫學工學儒釋之教皆出於韓故稱韓爲文化先進也然其族性慓悍好寇鈔在韓歷代屢爲邊患至本朝宣祖壬辰豐臣秀吉欲假道侵中國韓廷拒之秀吉逞憾於韓發水陸兵五十萬入寇血戰八年秀吉死彼乃撤還自後復請修好玉帛往來相安無事者三百年乃至於近受西洋文化政治維新國勢驟强丙子西鄕隆盛以韓拒和而倡戰論因大久保利通等反對不果然西鄕雖死而其主義之配乎國人者益勃勃焉滿韓經營不達不止及其與韓締通商條約派使駐京狡焉思啓而爲中國所扼屢進屢退積憾日深蓄鋭日精至甲午以韓有東學亂與中國開衅中國失利遂締馬關條約認韓完全獨立絕中國關係藉稱改革韓政置顧問各部管理庶務井上馨以公使總行指揮旣而韓王后有聯俄排日之說三浦梧樓代爲公使遂派兵及刺客入闕弑王后以故爲俄人所排擊互相衝突至甲辰俄人欲佔韓龍巖浦日人屢開談判遂開戰日皇之宣戰也以保存韓國獨立布天下日使議定六條亦保證韓國獨立及領土保全然藉其兵威勒奪權利毒害人民囊括巨細實行侵略主義於是韓國臣民奔走叫呼圖救亡之萬一獻議廟堂請設議院以爲民論之機關政府大官亦有提出此議者於時伊藤博文以大使來韓陛見呈日皇親書表兩皇室敦睦之誼伊藤盛言日本此擧爲扶植韓國獨立確保滿洲爲中國領土釋我疑懼且奏曰當此艱局尤宜力持君權願陛下勿輕聽人言以失君權韓皇素重伊藤以爲伊藤保我君權而我臣民之請設

議院者欲減君權也議遂不行彼蓋以此迎合韓皇破壞民論之機關以爲他日勒約順成地也及夫克俄而議和也俄人乃認日本於韓國政事軍事經濟均有卓絕之利益而伊藤以統監之名義昂然入韓以實行經營韓國之策乙巳十一月十七日夜伊藤與公使林權助大將長谷川好道等率兵入闕排置巨礮闕外及鍾路鎗刀交殿陛集各大臣開議提出五條約

第一條日本國政府由東京外務省今後對韓國關係及外交事務監理指揮可也日本國外交代表者及領事團保護在外國之韓國臣民及利益

第二條日本國政府當任韓國與他國間現存條約之實行完全韓國政府今後不由日本國政府之仲介不得約國際的性質上何等條約及約束

第三條日本國政府使其代表者韓國皇帝陛下之闕下置統監一名而統監專爲管理外交攸關之事項駐在京城有內謁皇帝陛下之權利日本政府於韓國各開港場及其他日本政府認以必要之地有置理事官之權利而理事官在統監指揮之下從來屬於在韓國日本領事之一切職權執行并爲本協約條欵之完全實行掌理必要的一切事務

第四條日本及韓國間現存之條約及約束除本協約條欵抵觸者外總其繼續効力

第五條日本國政府保證韓國皇室之安寧尊嚴維持

韓皇對此五條堅持不允伊藤以兵脅之參政韓圭卨極力反對卽拘置幽室中使兵守之晉外

宮殿の階段

相朴齊純齊純支吾乃使其兵奪取外部印押之此所謂乙巳保護條約也翌日元老閔泳煥趙秉世等力爭不得遂殺身而殉國于時搢紳儒生軍民等盡聚公憤而抗之伊藤派其軍警拘之戮之自是四千三百餘年之舊國遂飲恨於伊藤統治之下矣一日伊藤出水原等地抵安陽停車場有農民金台根者投石擊之幾中伊藤愕而回程台根被逮伊藤曰殺此有損於我請勿窮治遂處笞刑釋之

時中國直隷省天津人潘宗禮自日本還國經宿仁川港聞伊藤脅韓締保護條約且覩日人迫害韓人之慘狀悲泣哽咽若己當之閔忠正泳煥之殉國也有訣告同胞文曰

嗚呼國恥民辱乃至於此我人民行將殄滅於生存競爭之中矣夫要生者必死期死者得生諸公豈不諒只泳煥决以一死仰報皇恩以謝我二千萬同胞兄弟泳煥死而不死期助諸君於九泉之下幸我同胞兄弟千萬倍加奮勵堅乃志氣勉其學問决心戮力復我自由獨立則死者當喜笑於冥冥之中矣嗚呼少勿失望訣告我大韓帝國二千萬同胞

有華商將此示宗禮宗禮覽而泣曰忠臣但其死也晩耳念韓旣云亡中國亦危而國民猶懵無覺焉乃列時務十四條托其友獻諸政府投海而死爲儆國人也今袁大總統時督直省爲文以吊之具疏以聞于朝

第六章　重根之奔走國事

日俄之開戰也重根時年二十六慨然而嘆曰是役也實關吾國存亡日勝則亡於日而俄勝亦然而我無實力奈何及聞日俄媾和即告其父曰勢急矣不幾日吾人必無措手地求諸域外惟中國可耳自古興亡之際互有關連今日亦然苟天授中國而振興者大局之平和可保吾國之將來亦有望也大江南北才俊必多遊覽其地交結其人共圖天下之事兒之願也遂以乙巳十月辭家航海遍歷烟台膠州威海上海等地以求其人而惜乎未有所遇也居數月聞父喪還國喪葬既畢欲率家族移住海外而勢難卽辦乃徙平安道三和郡甑南浦而居之以其爲交通中國地也時則韓國既居日人保護之下一切軍務財務警務學務法務郵務皆由日人管理所謂韓官日見其汰而卽存者只供其奴役而已不敢過問其務至若森林漁採礦山鐵路蔘圃墾荒屠獸等各種產業無不被其強奪而人民之家屋田土亦皆稱以軍用惟意佔之驅逐殺戮慘無天日是將不止丘墟我宗社而盡滅我民族乃已於是重根益欲捨身以救之而非開牖民智團合衆力則不可乃捐家財創辦三興學校廣募青年而育之送二弟入京師遊學亦爲邀結有志也每聚衆演說激昂悲憤刺人心骨聽者皆泣由是日警官大加注目或探其遊所或詰其激論重根不爲少動伉之愈硬家族親友皆爲之懼勸其稍戢辭鋒重根嘆曰我平生以直爲生以義行事雖緣此隕身亦無所恨云

此時韓國西北道人士之在京城者組織西北學會開設學校及報館爲地方教育之模範而重

根會員也襄助甚力丙午秋西北學生在京城東門外三仙坪開運動會是日會員來者重根及李甲安昌浩柳東說盧伯麟李東暉李鍾浩諸人皆志士之錚錚者也安昌浩者平壤人理想家也雄辯家也亦事業家也早歲遊歷美洲吸收文明其還國也値伊藤統監韓國之日痛祖國之淪亡悲同族之將盡每對衆演說辭氣激烈心血滾出人之聽之如渴赴泉莫不流涕教育人才結合團體皆以至誠出之故國人信仰之與重根深契壯其志氣嘗謂友人某曰重根吾黨中烈烈者主急進以爲今日之事擧義而已其成敗勿論必有偉大之樹立云

第七章　伊藤逼韓皇禪位勒締七條協約

日人併韓之機漸漸成熟至丁未七月而海牙密使問題又起是歲荷蘭海牙府開萬國平和會議韓國議政府參贊李相卨平理院檢事李儁駐俄公使參書官李瑋鍾逕走海牙府控日人強勒締約及其他殘虐狀況各國委員不敢受理李儁憤劇自殺相卨瑋鍾走之美國日政府對韓之野心因以益熾蓋伊藤欲廢韓皇久矣而事係重大遽難下手耽耽虎視伺其機會至是躍然曰可矣遂決計進行鋪置已密而日政府猶慮此擧大非容易亟派外務大臣林董以助之且以拘韓皇東渡之說播動內外而嚇之七月二十三日伊藤及長谷川好道林董等率軍入闕鎗砲釼戟森列宮城內外嗾賊黨李完用宋秉畯趙重應李秉武等逼帝禪位太子宮相朴泳孝密奏不可被拿入警廳愛國黨之爲反對計者姜泰鋐宋榮根李甲魚潭林在德等皆下獄人民數千

聚哭大安門外日兵開鎗擊退

伊藤既迫帝禪位猶未饜也更與林董議決要求七條招完用秉畯等締約其文曰

日本政府及韓國政府速圖韓國富强併增延韓國幸福約定左記條欵

第一條韓國政府關於施政改善受統監指揮事

第二條韓國政府於法令制定及重要行政上處分須經統監承認事

第三條韓國司法事務及普通行政事務各其區別事

第四條韓國高等官吏任免以統監同意行之事

第五條韓國政府以統監推薦之日人任命韓國官吏事

第六條韓國政府非有統監之同意則不得傭聘各國人爲官吏事

第七條明治三十七年八月二十二日調印之日韓協約第一項廢止事度支財政顧問廢止

此時韓民憤怒如火燒毁完用秉武兩家及日巡警交番所被日兵擊散又復聚集鍾路痛哭演說有日兵策馬馳突蹂躪民衆適有韓兵數十人自典洞兵營出者見之大憤卽擧鎗殺日兵數名衆人因以大呼殺倭飛石雨下殺日人三十餘名伊藤恐韓兵爲患卽謀解散脅韓軍部拿致首事兵士且收各營砲彈而盡藏之自闕門外至鐘路及各營門外均置砲臺又電召日兵之在地方者星夜上京彌滿城內乃令韓國將官聚集各軍于訓鍊院矯諭皇勅頒給恩金繳收武器

而下解散令韓兵憤怒扯頒給之紙幣而擲之地因欲決死舉事而旣失武器莫可動手多有走地方而爲義兵者

時侍衛第一隊隊長朴勝煥在西門之營集所部兵一千人痛哭演說曰余與爾等名以將卒十餘年矣而不克盡乃忠致國家今日之墮落彼倭仇之奪我主權蔑有餘地而猶猜我少數兵額之存勒令解散夫以軍人不能捍衛國家罪固當死況被仇虜之解散而希苟生乎爾等隨意爲之也遂取彈丸之藏而發之拔劍自刎以激衆心士皆怒氣衝天爭取彈丸與日兵激戰三時射殺大尉梶原及其卒二百餘名日人大怒卽以三千餘衆圍而攻之開機關砲轟擊凡日人之在漢城者毋論男女各持武器來助聲勢韓兵死者一百七十餘人而後援旣絶彈丸且盡乃向山城潰走日人逞憾未已藉以搜索韓兵亂入民家恣行殺戮砲烟漲空腥血滿地天陰雨濕滿城呼哭嗚呼慘矣此時重根在平壤聞有國變馳入京城留南門外濟衆院乃於是日覩此慘狀悲憮何如及砲聲稍止卽與安昌浩金弼淳及美國醫士數人帶赤十字票馳入戰地扶舁傷者入院治之凡五十餘人

第八章　重根之去國

於是重根欲與同志興義旅而顧瞻全國網羅彌天揮腕無地民間武器盡被搜括寸鐵無存（手摶虎無濟於事遂決意出洋以求活動方面而俄領海參威爲韓人移住最繁之地且在日人

勢力範圍之外可得行動自由擬乘京釜火車由釜山而往焉出南門外停車場二弟定根恭根餞之重根囑之曰此非吾儕顧念身家之日我則遠離家國奔走四方誓爲國事畢命而謀事在人成事在天事之濟否何可預期古來英雄豪傑未有必其成功而作事者惟其熱心毅力百折不屈不達其目的不止我亦如此而已吾國社會最缺和合由人鮮謙德虛驕用事好以上人而不肯下人故也爾其虛心受善卑己尊人勿貽害社會也三興學校力圖維持期有實效也天心悔禍復國有日則兄弟之團欒可得不爾則索我骨於何地未可知也言已就車而去

及其到海港也韓人村落磊磊相望喜可知也然孰知重根爲熱誠男子哉縱重根鼓發其祖國思想而不信者衆有傲視不禮者有泛聽不省者亦有故意反對者而重根無慍意無難色惟恐誠之不至行之不力險阻艱難不足以動其毫末水火可蹈金石爲開於是得同志者十二人相與斷指血書大韓獨立四字告天立盟由是同志稍進遂分派各地警醒同胞不避風雨不辭勞瘁極言敎育爲救國之要務使老成者幹校事幼少者受學業強壯者編入義勇軍隊一歲之間得三百餘人

第九章　重根之勉勵國民團合

重根對吾同胞最所嘔血痛論瘏口懇勸者團合主義也蓋國也者人群之最大團體也其民能以國家爲性命一其心力如手足之捍頭目者其國能立其民能存其民不擔國家之責任各自

爲心如散沙之不粘合者其國必破其民必滅此其理甚明無愚智皆知而世之國破民滅者往往而有何哉由其民德先壞也德者人心之所固有而因社會之汚習而失之因一己之私慾而失之所以不能相愛相保共享生存乃相殘相賊同歸敗亡故欲救國者先救人心重根固以激烈進行者而豈不研究乎救國之根本者哉至是寄書於大韓每日申報館以勉勵我國民其略曰修身齊家治國人之大本也身體相合而保其身家族相合而保其家國民相合而保其國其理一也今我國家陷敗至此無他國民之不和合卽其一大原因不和合之病根於驕傲種種毒害皆由此而生優於己者猜弱於己者侮與己埒者爭只要相上不能相下烏得以和合哉醫驕傲之病者謙遜是也卑己敬人悅人責己寛於責人又能以己功讓人何患不和合哉昔某國王使其諸子折一條鞭個個立斷更與以一束鞭命之折乃不能焉王曰小子識之汝等若各自爲心必爲人所折苟合爲一心孰敢折之吾人當念此言也惟我民族各自爲心而不能一焉故國土國權爲人所奪而不惟不恊力而抗之反有輸我內情樂爲彼倀借彼毒手陷我忠良者若此人類不亡何待思之及此痛恨骨冷此蓋驕傲之病爲其傳染也若祛此病根而篤守和合主義父詔其子兄勗其弟全國人民同結團體以圖復國高建太極旗同我親屬相見於獨立館大唱大韓帝國獨立萬歲振動六大洲是吾願也貴社亦以此義鼓勵我國民區區之望也自此書傳播後重根之義膽俠骨傾人肝肺韓國人民咸相謂曰大丈夫必有驚天動地之事業也

「海潮新聞」の誤り! 11.6.2 発见

第十章　重根之擧義

重根以己酉六月集諸同志諭以擧義之事曰吾輩蓄志死國久矣昔文天祥以八百鄕兵赴元敵趙憲以七百儒生抗倭虜忠義之士迫切之至、豈逆覩成敗利鈍而動哉、今吾國雖糜爛之極而各地義師在在蠭起皆能奮空拳冒白刃視死如歸足見我國民素富於忠義也今吾衆雖少能決死敢戰挫賊之銳則全國義師爲之一振響應必多其濟則天也且夫今之滅人之國者實行滅人之種吾輩雖欲甘爲讎奴而苟活亦必不得與其爲奴而死無寧擊賊而死等死死義可耳能死者從我不能者止衆皆拍掌遂自俄領首塗渡豆滿江、入慶興郡襲擊日人交戰三次斃敵五十餘名、遂進迫會寗郡、此地與中俄領土對岸、相望爲防禦之要衝、且地勢險隘、民氣勁悍、昔在壬辰、加藤淸正至此、爲韓義兵所擊敗、故會寗有七義士大捷碑（此碑被日人攫去現在東京博物館）甲辰之役日人爲義兵所襲被害亦多是以日人於此建築礮臺、排置兵營、守備嚴密至是見我兵突至大驚急電各地駐兵合至五千、馳若風雨、礮聲甚猛重根直犯其衝激戰半日、多斃賊兵而我無後援敵勢益加、天且陰雨士皆飢疲彈丸亦盡遂潰散隨重根者只有二人嶺路絕險雲霧晦塞而追兵甚急不得投宿人家晝伏於林夜經於山不食者五日一夕重根留二人山上欲求飯村落望見山中火光而下猝遇敵兵相距直五步間敵礮三發急走得脫更進數十里而止宿從者疲甚、無人色、而重根意氣自若、翌朝謂二人曰人者生於義死於義我輩爲國盡力而死於此義

也何憾焉、今以肉體爲人世作用者失其能力、第以靈魂求天國事業不亦可乎、因授洗禮共行祈禱、是夕更欲前進而氣力全乏寸步難強、重根獨行尋一草廬叩扉而入、主人訝其爲盜有怖色、重根徐述其來歷以安其心、求得一碗飯且問知俄領路程、後回至山上三人共吃一碗、遂向俄領去、凡十二日間飯止二次、沐浴霖雨寢宿霧露衣濕而壞、身瘠而骨殆人而鬼也、然重根不以此少挫遍走各地糾合同志以爲後圖、由是韓人之在海港各地者尤服其勇爭相稱誦、咸以後日之偉業期望焉、

第十一章　伊藤廢陸軍部奪司法權

伊藤以統監行政五年、呑併之策日就圓滿、若鎭海永興軍港之占領、東洋拓殖會社之設置、各營軍隊之解散、一千萬元借欵之自利、最其大者也、其他黜陟官吏大張威權、押收報紙、封閉言論、改易敎科、消滅國性、默認軍兵虐殺人民之類、不可勝擧矣、至是藉稱敎育皇儲携往東京、擧曾禰荒之助代爲統監、各部顧問並解免、改稱各部協判曰次官、盡以日人敍任、十三道事務官皆用日人、汰韓人巡査二百五十名以日人代之、旣又將陸軍司法二部廢撤、而伊藤復汲汲渡韓、招完用等締約、韓國餘存之衞卒歸日本陸軍司令部節制、司法權歸日人管理、由統監署設立司法部、凡韓國臣民遵守日本頒布之刑律、廢韓國舊律、全國法官盡用日人、其約曰

日本國政府及韓國政府爲改善韓國司法及監獄事務確實保護韓國民併在韓國之外國

臣民及人民生命財產與鞏固韓國財政基礎之目的以約定條款
第一條韓國司法及監獄事務完備以前韓國政府以司法及監獄事務委托日本國政府事
第二條日本政府以日本人及韓國人有一定資格者在韓國日本裁判所及監獄官吏任用事
第三條在韓國日本裁判所之協約又法令特別之規定對外國韓國臣民韓國法規適用事
第四條韓國地方官廳及公吏應各其職務就司法及監獄事務受在韓國日本當該官廳之指揮命令又補助事
第五條日本國政府關於韓國司法及監獄負擔一切經費事

第十二章　伊藤視察滿洲

己酉十月伊藤有視察滿洲之行皤皤衰髮稜稜瘦骨觸冒風雪驅馳海陸不以爲勞何故此世界各國人之注目者也彼其行也宣言漫遊無政治性質者而據其國報紙曰滿洲經營以公此行爲視察實行之端倪以世界諸國之眼觀之謂日人恐美國反對滿洲新協約故以伊藤此行調查爲辨護之資然猶非諦審其全象者也及觀伊藤死後世所轟傳者其宗旨在撤除關東都督擴張韓統監權力於滿洲之上且處分滿洲事竣冀中國內政之監督而主張統監中國監督財政事以此證之此行目的與俄國大臣商妥滿洲問題後與各國秘使邀集世界談判進行中

國財政監督事而自任統監也富矣哉其野心不饜於韓國統監更欲進而爲中國財政統監則中國之危機亦迫矣又其死後內閣總理桂太郞宣言曰余必繼伊藤之志然則韓國最後之合倂及滿洲之進行皆伊藤之夙算也伊藤携其僚屬乘軍艦至大連吊甲辰戰亡者一夜月明登艦上眺望海色喟然而嘆曰余之今日成績固始願不及者功名之盛死無遺憾但我國人民性褊而驕恐不得各國人懽心云於是約俄大臣於哈爾濱以爲協商之地韓國義士安重根聞之投袂而起曰此千載一時也

第十三章　重根之活動

重根乃訪同志禹德淳曰今閱報紙審伊藤有滿洲之行彼攘奪我三千里疆土殘虐我二千萬生民尙且野心未已更欲進取大陸置四萬萬人於死地是不特我人之不共戴天之仇卽世界人道之大賊余欲殺此雪恨久矣而未得其便含忍至此今乃有此機會是天假吾手而除之也盍往圖之德淳躍然曰此余之夙志也因與之同行到吉林訪見劉東夏曹道先告以此事俱曰諾遂同行至哈爾濱旅館深宵殘燈耿耿悲憤慷慨作歌而唱之曰

丈夫處世兮　其志大矣　時造英雄兮　英雄造時　雄視天下兮　大業可期　朔風其冷兮　我血則熱　慷慨一去兮　目的其達　對彼鼠賊兮　豈肯比命　同胞同胞兮速成功業　萬歲萬歲兮　大韓獨立

德淳亦作歌而和之曰

逢兮逢兮 逢爾仇兮 我欲逢爾 水陸幾萬里 或於火車 或於輪船 坐也禱 立也禱 鑑之鑑之 我救主鑑之 東半島大韓國 從我願而救之 嗚呼奸凶爾老賊 奪我疆土 殺我同胞 又何野心來此 欲送死於我手兮

翌朝重根與德淳道先二人至寬城子探伊藤來期二人留寬城子重根更來哈爾濱而俟之噫伊藤嘗自頌醉枕美人膝醒握天下權二語傳誦世界可謂豪矣然彼死於美人之膝則後世之論伊藤者亦不過一太平宰相而已死於安重根之手而伊藤亦因之而愈顯然則哈爾濱之行殆天所以完伊藤歟

第十四章 重根之狙擊伊藤

伊藤以十月二十五日宿寬城子詰朝由俄國鐵道局派特別火車而迎之上午九時抵哈爾濱驛俄兵警衛者數千各國領事團及觀光團以次羅列其他觀者如林軍樂迭奏花礮競發伊藤下車與俄大臣握手受軍隊敬禮徐步向各國領事所重根服洋裝持拳鎗立俄軍之背而伺之相距直十步突入舉鎗一發中伊藤胸而花礮亂之各軍不覺再發中肋軍警及歡迎團始覺而刼走則重根突現伊藤指而罵之曰馬鹿(日本語辱罵聲)三發中腹伊藤即仆地更向日人總領事川上秘書官森鐵道總裁田中三人而射之皆倒拳鎗之六發連中世所未有此重根之膽勇射藝天

下無雙者也數千軍隊皆散走莫敢近憲兵及將官等但持佩劍相觀而已旣而彈盡無砲聲各軍始乃聚集取重根鎗付之憲兵重根卽以拉丁語三呼大韓獨立萬歲被縛重根拊掌大笑曰我豈逃者哉我欲逃我不入死地矣於是被拘入哈埠俄國裁判所

嗚呼此重根之所以爲世界偉人也其狙擊伊藤者血性男子激於愛國之熱或能偶一爲之其不可及者伊藤倒地後之大呼與俄兵捕縛時之大笑也擒賊擒王有條不紊至彈盡而後止天職旣盡授首何妨其修養之功非經數十年斷不能如此從容或傳重根性不羈觀此殊不足信也伊藤不逾十分卽死日人載其尸火車送之大連灣重根對俄檢事訊問而抗言曰我大韓國民彼伊藤勒奪我獨立殺戮我民族余之此擧爲復我獨立保我民族報我徹天罔極之至寃深讎云云此事傳播天下之人莫不動色吐舌曰韓國有人韓國有人俄國寫眞師搨重根射伊藤狀供世界之奇觀日人出六千金購之去而日人數種報紙誣謂重根此擧出於私嫌欲以一手掩天下耳目其可得乎

第十五章　家族及志士之遭禍

先是禹德淳曹道先兩人留寬城子待伊藤之來俄國憲兵訝其行止異常命館主止其出至是俱被縛日本政府交涉俄人索重根及連累者俄人許之乃捕韓人之在哈埠者九人審問四日押送旅順重根妻子在哈亦被縛二弟在韓國甑南浦被逮嚴訊通謀有無鍛鍊甚酷至親戚諸

家並被捜索重根母趙氏在平壤天主教堂日警探之來喝曰爾子害伊藤公爵釀出兩國莫大之變卽爾教訓之不善爾亦不得無罪母曰吾兒在外行事豈余所知而國民之死於國事職也吾兒能死國吾亦從兒而死實所甘心日警不能再詰而去見者嘆其有女俠之風非此母豈能生此子哉同時西北人士如李甲安昌浩李鍾浩金明濬等所處逈隔絕無關係衆所覩也亦日人之所悉也而以連累逮之且捜西北學會之文簿偵會員之動靜日以嚴密何哉蓋日人將斷行倂韓而慮有志士之反抗耳當時西北人士稍能奮發日人目爲排日派欲因事除之及此事發生而重根西道人日人認此爲網打西北志士之機會乃株連諸人欲鍛鍊而置之死而毫無證據延至數月有人緩頰於日憲兵大將曰彼諸人者皆韓之名士若以無罪而殺之只足以激起韓人之輿憤無益於事不如姑釋之嚴加監制使不得妨礙於事可也日將然之乃得釋然其監制無異在獄故李甲安昌浩李鍾浩三人竄海外而免焉至閭巷小民亦往往遭殃此時日人偵察韓人狀態其有以喜色告語者輒捕而罪之其無言者故詰曰爾以安重根之殺伊藤爲是乎否乎嗚呼韓人語默皆罪矣義州有一村翁嘗對人而言曰吾夢見太極旗墮地有七星自天而下捧而升之今果有安應七刺伊藤事此言爲日諜所聞卽被拘罰嗚呼韓人說夢亦罪矣然天理未泯人心不死國中少年往往有密爲之心喪者

第十六章　日人之對付與重根之態度

日本對於此案舉國震驚輿論甚囂不特以國家喪一元老之可痛耳先是日人藉口伊藤政策有益於韓而得韓人歡心且曰韓人甘受其保護指導絕無反抗者騰諸報紙播諸演說以欺天下耳目矣及此事發而伊藤之強奪行爲與韓人怨恨之眞相早露此其大創日人之面貌者也且天下之人咸以重根爲曠古未有之義俠韓人之義聲高而日人之不義形焉此又彼之大猜大惡者也於是日政府思有以摧折之屈服之始謂重根此舉出於私嫌欲借報館之曲筆以誣公論竟掩之不得乃令其法院官吏百方設法威以怵之利以誘之欲得其誤解自服之詞試其巧譎無所不至使重根有不十分斬釘截鐵而一言半詞稍形委曲含糊中彼之奸計者卽轟震世界之哈爾濱一舉便隳萬仞坑塹而日人之凱歌益高老少男女之歡呼踴躍將與旅順奏捷之日同此其舉國與重根爲敵而決其勝負之秋爲重根地不亦危哉然日人詐取三千里韓國其巧幸中而以之對重根則可謂班門弄斧適成其拙而已於時重根與連累諸人押至旅順監獄縛以鐵索虐還滋甚重根叱曰我大韓義兵將員與爾國大官等遇可也而加此蠻暴耶日檢事每日就獄欲以威屈盛氣嚴訊若將撲殺者然重根毫不少撓抗辯甚厲鋒穎凛凛奪人之氣檢事瞠視而嘻乃曰是可以柔服不可以強屈遂去其縛使其解韓語者日以甘言誘之進美食及紙筆書籍等物以適其意時重根條列伊藤十三罪而記之

一　大韓獨立破壞事

二 明成皇后弑逆事
三 太皇帝廢位事
四 五條約勸締事
五 七條約勒締事
六 教科書燒却事
七 新聞雜誌禁止事
八 司法權引渡事
九 軍隊解散事
十 無辜良民殺戮事
十一 世界耳目欺瞞事
十二 一千萬圓國債募集事
十三 東洋平和攪亂事
將此各條解說甚長而日人恐其洩露取而藏之

第十七章 日人之巧誘

日人對韓政策事以巧譎出之其前後聲言者曰保存韓國之獨立也曰忠告韓國之政治也曰

維持皇室之尊嚴也曰企圖韓國之富強也曰增進人民之幸福也曰改良韓國之軍制也曰發達商工之實業也此等甘言利誘已使韓人不勝其鬐聞而今又試諸重根矣日人境喜明園木次郎兩人久在韓國視警務熟韓語者來見重根誘之曰以君之才前程無限而徑畢生命於此豈不寃哉始事之爲何故勿論今以誤解自服者我日本政府必憐君之志愛君之才特爲原赦更得出身於世功業可就奈何固執乃爾重根笑曰好生惡死情之常耳然余欲苟生豈有此舉余在哈爾濱砲擊伊藤時即已決死者而來此獄中延至今日亦意外也我不要生爾毋誘我彼乃色沮而退翌朝復來而言曰自此事發後世界各報皆認君爲無智蔑識之行動攻駁甚多至韓國二千萬人亦皆恨而罵之曰伊藤爲韓盡力圖發展之人也害伊藤者實仇韓而非仇伊藤也伊藤死無復如伊藤者故國家前途自此無望云矣內之韓人外之各國無不非君之所爲而固執不服可乎雖欲不服而天下之公論其可勝乎重根正色曰余之此舉斷斷以義而非要名譽且生命與名譽孰重既生命之不顧何名譽之足念余以義報國以義舍生人之毀譽何關於我滯獄累月不聞輿論不見報紙而我大韓同胞決無責我之理彼西報之評論雖未可知而如有駁我者必出於其野心矣蓋彼西人欲乘我東洋人之互相蚌鷸而收漁人之功者久矣使伊藤而在肆慾無厭則東洋之平和無日予彼西人以機會也今伊藤斃於吾手去一元惡東洋無事彼無機會可乘其或緣此而駁我乎然而謂韓人之罵我者確係誣言則西人之駁我云者亦

未可信也
一日檢事詰問同志有幾重根笑曰若指示我同志者非但於我有損日本之損害必多檢事曰損害何謂重根曰我之同志殆逾萬人若指示之日本必盡捕之獄舍增築至千餘間裁判官加至千餘一日行十人裁判非延至百年頃則不能空費財力損害何如檢事乃不敢復問

第十八章　二弟之面會

時二弟被拘甑南浦多日以無證免乃爲面會其兄發向旅順經仁川港自日警署拘而詰之所言稍伉則毆踢交加虐待無狀經數日無可疑乃得釋而行有日警二人之跟隨者至旅順又被拿問於法院者數日始許面會有檢事典獄通譯書記看守長及看守二名監視而操切故除問候不得一語及他檢事溝淵孝雄誘二弟曰爾不欲爾兄之活乎若以誤解自首者減死可得而爾兄不肯反以憤激之詞吐氣焰何其執耶爾其反覆開譬務回其意也
二弟以公判將開據法而請律師之辯護法院許之於時韓人之在俄領及美洲者聞而踊躍醵集義金聘英國俄國西班牙律師等來候公判而檢事又教重根請韓國律師重根謂其弟曰我旣決死辯護何爲然欲令我同胞知我素抱之主義與此擧之所以則本國律師可矣且外國律師旣有爲我來者而無韓國律師亦國恥也然日人所言決難遽信故三回申請三回許可後電請於韓國律師會而乃此事亦日人之奸計耳彼以甘言巧說誘重根萬端而終不得逞乃教請

韓國律師陽示遵行法律而陰電京城囑其警吏禁止律師之來併押收其弟之通電而其無來者則將復誘之曰今以此事請韓國律師而無一人來者是韓人對爾行事認爲仇怨之證據也云則必落心喪氣而屈服可得此其計之所出也詎意韓之律師有冒難而來者乎

第十九章　韓國律師之嘔血

律師安秉瓚韓國義州人以法學畢業爲平理院主事伊藤勒締保護條約時持斧抗疏請斬朴齊純李完用李址鎔諸人之簽約者時韓人之反對者悉被逮捕秉瓚與張志淵等六十餘人被拘警廳經數月得釋爲平安北道裁判所檢事既而嘆曰日人之世我其仕乎卽棄官歸無以資生以律師爲業至是以重根事請韓國律師而諸律師皆懼不敢往秉瓚慨然應之與通日語者一人赴旅順日警數人急追至停車場奪其行李而止之秉瓚責之曰我依法律行動而欲強制之乎以日本警官而行此不法則是日本之無法律也非我之辱卽日本之辱使世界而無所謂法律則已苟有法律不得如是日警辭屈而退得以就塗而有日憲兵三人隨至所經旅館必行直守保護乎監禁乎及其到旅順請面會重根而不許重根之弟請以書字通之而亦不許問其故檢事曰爾兄聞韓國律師來謂得本國人同情詞氣比前愈亢若許其面會則必發表其主義氣焰益甚是以不許也及其公判之期韓國律師及外國律師一概不許秉瓚乃質問檢事曰既使之請韓國律師而來卽拒絕何也檢事曰日本法庭之裁判專用日文故不解日語者不許秉

瓚曰韓國律師解日語者多、余即電請而致之、檢事默然秉瓚駁之甚厲又見法院長眞鍋而詰其故且曰日本每以此等不法加諸韓人韓人之激憤愈往愈甚未知將來有幾百幾千之安重根生焉回至旅館嘔血數碗氣塞數時乃甦噫此時若無二弟及秉瓚之往者縱重根有何等抗辯彼必揑造其屈服之辭掩世人之耳目秉瓚此行雖不得爲重根辯護而其扶公理者不少矣

第二十章　日人之欲累韓皇

韓皇自伊藤統監韓國以來政權盡去手足無措宮官多日人衛卒皆日兵皇室金累百萬盡被其奪又陰賂妃嬪覘察動靜細故瑣事無不監之四十餘年南面之君居然囚矣且或韓人潛往他國或義兵起地方輒指韓皇爲主謀散布謠言加以誣害肆其恫嚇無日無之廢位之後南內之凄涼尤甚而監之愈密斷絕內外父子兄弟不得而面臣僚之出入遑可問乎今重根事發又欲以連累加諸韓皇日人境喜明來見重根曰余知此事之所從出矣聞君受太皇帝金四萬圓而殺伊藤此係詳探而得君諱之不能重根怒叱曰爾輩縱凶狡之甚而敢欲揑此而誣我幷欲害我太皇帝耶爾輩每以此種伎倆陷我國人於不測之禍網而欲加之於我則謬矣人有生命方要金錢余之殺伊藤非要生也決死也死後金錢有何所用乃爲金錢死乎爾休矣毋以此等醜說嚇我也彼遂赧然而退蓋韓皇日默受鈐制而內未嘗無仇日之心故彼以韓皇爲排日之首而憾之甚至行廢位而猶不釋慮每欲藉事端而誣害之如此

第二十一章　滯獄時之從容

哈爾濱一擊若霹靂天降萬衆披靡激烈之聲動天下及其在旅順獄中吟嘯自在若忘死生而處無事之地者又何其從容也夫生之有死如晝夜之必然原無可哀可懼而不過肉體之須臾苦痛苟死得其所可以成仁則莫大之福也然人心至危毫釐有差頃刻倏變一切毀譽榮辱利害得失皆能動而奪之況死生乎昔文天祥滯燕獄三年未死王炎午爲生祭文以勗之夫以文公之賢而處此尚有愛之者之勗之嗚呼其難矣先哲有訓曰忠臣義士亂臣賊子只在一念之間苟其察之未精守之未確者由此一念舜乎蹠乎人乎獸乎未可定也且慷慨之流激於血憤判得一死於須臾之頃者容或可能而若其遲之又久外來之利誘浸潤不已則一念之微難保無差而且急進者易速退尤可危也跡重根之行事出於激烈恐或勇往猛進之有餘而堅忍持久之不足也及夫滯獄二百日之久日人之多方勸誘不第怵以切已之禍福而必以國家之利害巧說以餂之重根於此無一念之或差乎世有愛重根者恐亦有生祭文之出矣嗚呼重根鐵石人也早已付死生於談笑彼之甘言巧舌何足動其毫末乎於是激烈之聲從容之態全乎其成仁矣及其公判宣告死刑而在獄復數十日意思閒暇述東洋平和論數萬言以抒其所抱主義日人亦慕其義求其筆蹟者多重根應之不倦寫至數百餘幅或吟詩自壯有丈夫雖死心如鐵烈士當危氣似雲之句餘無傳者又嘗書人心惟危道心惟微兩語以自省蓋其臨死生而察

危微愈堅其執也由是觀之仁人志士之大節曰惟心所造而已

第二十二章　公判時之狀況

日人既服之不得矣法院長眞鍋渡東京就政府面商遂決以置死回旅順開公判而忌外國人之傍聽也不先期公佈遽行開議而外國人探之而至者數百矣法官問曰若何爲殺伊藤公也重根曰貴國與俄開戰貴皇有詔宣天下曰保存韓國獨立我國人胥感而信之祝日軍勝利日日本此擧爲保東洋大局也豈有以皇帝之明白宣言而欺天下者哉乃克俄之後伊藤突以兵入闕脅我君臣勒締保護條約自爲統監此豈貴皇宣布之意乎卽伊藤貪功而爲之者攘我內外政權吸我公私財源虐殺我無辜人民吾爲國家報仇爲同胞報仇安得不殺吾乃大韓義兵參謀將也大將關東人金斗星也糾合義旅以備戰鬪且購兵艦從海港南下要於玄海灘之衝擊殺伊藤而復我獨立矣適聞伊藤來哈我獨先行而殺之則余於敵國卽一被虜者資格不當以刑事被告待我也乃擧伊藤之十三大罪痛駁數時雄辯滔滔目光如電傍聽者莫不動色且曰伊藤者不獨於我國爲行弑廢位之大逆而亦貴國之逆臣也法官曰謂何重根曰貴國先皇孝明事法官等忽面如土色急揮手止傍聽既而檢事溝淵論告曰被告本無政治思想者因大韓每日申報及安昌浩演說而有政治思想至行此事此非被告自白而聞於其弟云二弟怒而詰之曰此言發於何時而聞之耶溝淵語塞乃喝曰有如此言詞故有如此論告何敢質問二弟

曰此强制也非法也人其服乎溝淵笑曰此非謂安昌浩教唆而行之只謂其因安昌浩演說而有政治思想出此結果云也時通譯園木曰此言余當置之不譯不必煩言也夫重根自十五歲時已以國事爲已任在韓國社會其年雖少其思想實爲先覺烏得曰因大韓每日申報及安昌浩演說而始有政治思想乎彼以法官故揑此詞欲傳之爰書是不但爲毀損重根而併欲以此案加累於每日申報及安昌浩者也先是世界輿論咸謂重根此擧出於愛國以愛國而殺人者爲公也故有減死之特例先年韓人張仁煥砲殺美國人須知分而美政府謂其出於愛國特貸其死日本其或照此處之以爲天下愛國者勸噫此等道德上法律豈可望之日人乎且其對韓政策以撲滅志士爲最先着手凡韓人稍存國家思想負社會聲譽者雖無不平行動而亦皆托事締案勒加罪名酷施刑訊以殺爲快而況重根事乎然其殺之益以重重根矣

第二十三章　各國律師之態度

日人既許韓國律師及外國律師而使之來矣旋復拒之不恤其食言違法何故彼其許之原非眞意而出於譎計其拒之者乃計窮而爲之矣彼其始也謂誘說重根必得其誤解自服之詞則韓國律師外國律師只好爲日本之利用也竟以重根之確乎不可動也凜乎不可犯也其計左矣若許外國律師則其論伊藤罪案必與被告無異日本之恥也韓國律師尤同情於被告者言之激烈亦必相似則於日本法官加一勁敵也是以寧食言違法而不顧耳日本律師鎌田正治

來見安秉瓚曰法院不許韓人及外國律師者恐其說明犯罪之原因也高等法院長平石以其所親者水野爲官選律師其不公平明矣若自被告委任於余者當力持公理而辨護云云然其言雖托公而意實私也特有憾於渠之不被官選而陽以此言嚇法官也法院聞之果以鎌田爲官選律師彼乃亟稱法官曰公平云

安秉瓚屢向法院長欲以死爭之法院長乃曰旣不許外國律師而若以正式獨許韓人則必有駁論余特以間接辯護許君君在廷傍聽經由日本律師而間接辯論可也乃於翌日使水野鎌田等語之曰昨以間接辯論許之而意外有西洋律師之來者亦不得許之云開廷前一日秉瓚爲面會重根至獄門外水野鎌田等自獄內出曰今余等入見被告以辯護事請其意見被告曰君等爲我辯護云我有所問君其答否試問伊藤之對我國行事其罪重乎我之殺伊藤其罪重乎余等不能答惟以出於誤解爲之勸告而終不聽君今入見亦以此勸告也秉瓚怒曰余豈爲此等勸告而來者耶君等以律師而爲此言耶彼卽電話法院阻其面會及其審問日人律師等只承法院指使含糊敷衍毫無要論至以誤解所致爲言重根叱曰爾以被告之律師乃違反被告之意耶我有何種誤解而欲以此誣之宣告後又彼律師等來勸控訴重根曰余受不公平之裁判而不提控訴必謂服罪然余不欲苟生何事更訴上級法官亦日人豈不欲殺我乎及其受刑時律師二人亦來參看重根笑曰君等何故來此人之死也亦有辯護之法乎二人色變而對

曰欲慰公心而來耳公其安心而往天國吾等亦於日後相逢天國矣重根曰君等祝余往天國可感然余遵守天國法律而爲國死義者靈魂之升天國固也君等素昧天國法律又不能公持世上法律未知自天國許否君等如要後日相逢服習天國法律而力扶公理可也

英國律師德雷司見秉瓚而嘆曰余見世界之人物多矣經重大之裁判屢矣而未嘗見如此人者余行天下當爲人誦之云俄國律師米罕依洛夫忿日人之不公平不待終判經請歸國而日人報紙乃謂外國人信法官之公平而經欲去之云

第二十四章　重根之最終

最後公判之翌日宣告重根死刑禹德淳處三年役曹道先劉東夏俱一年半重根神色自若曰有說明之未盡者法官等皆色動從後門出去使通譯傳之曰有陳述者控訴可也重根笑曰若冀意向吾已知之卽退庭日人報紙有云聞之通譯園木宣告時被告面無血色園木駁之曰余何時有此言乎記者不能答二弟及從弟明根安秉瓚俱至獄中面會重根謝秉瓚曰先生不避艱苦爲我辱此恩德之至死何敢忘更有一詞托諸先生我死後慰我靈魂以好音者我同胞耳望先生竭誠盡力勸我同胞回復國家獨立之消息達於天國則余其蹈舞呼萬歲矣我不過爲急激一着者何足道哉惟是振興敎育培養實力團合衆志爲回復獨立之基礎我同胞毋忽此死者之言而益加勉勵區區之望也囑二弟曰我死後埋我骨於哈爾濱公園之傍待國權回復

而返葬故土也二弟有悲慘色重根責之曰余則無一毫傷心者而乃有此耶公判前後每自法院命新聞記者種種造言毁重根名譽又命寫眞師倣容貌不好二弟有慍言重根曰彼之毁我固當我殺伊藤爲我國也彼等毁我亦爲其國也各自爲國何可尤之若使我處日人之地者攻擊當有甚於此者是宜賀不宜怒也受刑之日二弟請最終面會重根遺言曰余往天國亦當爲我國家恢復盡力汝等爲我告同胞曰我同胞爲我努力而我則無報慚負實深但以一個生命表我誠心而已我同胞各擔國家之責任盡國民之義務同心一力建功樹業大韓獨立之聲達於天國余之至願也每兄弟面會時注目嚴密不得發要言其最終遺言曰在獄所覽書籍中有密書云而日人取而藏之二弟屢請不得以庚戌二月十六日上午十時（陽歷三月廿六日）受刑重根欣然立刑場而言曰余爲大韓獨立而死爲東洋平和而死死何恨焉但遺憾者未見國家之結果耳諸君深思之我大韓獨立而後東洋可保平和日本亦免將來危機矣遂換着新製韓服從容就刑年三十有二是日天陰而雨

第二十五章　二弟之痛罵日人

先是屢囑二弟曰國家獨立以前勿返葬也然二弟不忍捨遺骸而歸至獄門外巡查檢其身方許入日人律師等曰日本法律有遺骸之出付故法院欲準施之矣自政府有命令不得出付葬之此處君等參看二弟曰遺骸許否職在典獄無關律師乃入獄內有典獄栗園檢事溝淵通譯

看手等數十人在焉二弟質問曰信有政府命令乎抑由法官自意乎確言之典獄曰余則爲君等骨肉之情欲以遺之而其奈政府命令何二弟曰日本法律有遺骸出付則法官準施之可也奈何托有政府命令而違反法律乎法官者受法律之拘束而不受政府之操縱且政府關於法律適用豈有命令乎典獄曰雖微政府命令以我職權處之二弟曰以典獄職權處之何托政府命令爲不過四五分間食言若是乎典獄乃喝曰既以公議確定雖千言萬語決不聽施二弟不勝憤怒大叫曰所謂法官不顧法理專以威力壓制是蠻行也我等現在莫之對付而苟此生命之存也必有一洒之日痛罵不已巡査看守等曳而出之獄外則痛哭門外數時復求入見典獄而終被拒絕遂卽出發自大連還國日人忌二弟亦甚偵察日嚴欲因事除之乃走海外而免焉

第二十六章　禹德淳之歷史大槪

昔鄭商人弦高以販牛爲業能救鄭國之難此商界之傑而國民之範也今韓國義士禹德淳亦雜貨商耳其愛國熱忱與安重根併耀靑史凡商業同胞其亦聞而興起乎

禹德淳韓國忠淸道堤川郡人家貧業商轉至漢城開雜貨店僅支生活無暇致力學問然愛國之忱出於天性且喜讀新聞至時勢急迫國權損失輒涕泣不食乙巳保護條約成擧國人士悲憤若狂德淳慨然曰國存然後民存若國之不存則吾之産業非吾有也吾之妻子非吾有也吾之生命非吾有也吾寧毁吾生産棄吾妻子擲吾生命以救國家可也然三千里山河畢在網羅

之中一言一動不能自由尙何事之能爲哉吾聞海參威多吾同胞之移住亦有志士創辦學校報館事業而係日人勢力範圍之外遂入海參威訪求同志與安重根斷指結盟至是聞伊藤來哈欲與重根遮要路擊之而未知何處與彼相見一在寬城子俟之一往哈爾濱圖之德淳乃留寬城子送重根赴哈淚涔涔欲墮蕭蕭易水白衣冠送別此情此景悲壯何如見者頗異之洎伊藤來巡兵令館主閉門止客勿出視德淳從窓隙伺之伊藤已過矣憤極氣塞頹臥坑上良久乃醒及對簿時與重根一樣口吻傍聽諸人莫不壯之公判處三年役日人又恐其將來必有急激之行動加以他罪移囚咸興獄德淳遂自殺（或傳逃免）雖其目的所就讓於重根而其志氣之犖犖則無愧爲天下之烈士矣

第二十七章　重根之從弟明根

安重根既死而四千三百餘年歷史之韓國至西歷一千九百十年庚戌八月二十九日而宗社遂墟悲夫日本總理大臣桂太郞陸軍大臣寺內正毅尤以野心政策繼伊藤者伊藤鎗斃曾禰病死而寺內正毅以總督之名限來韓宣布合併廢隆熙帝爲昌德宮王各處軍隊憲兵巡查等荷鎗實彈自宮闕以至市街閭巷警備甚嚴各社會團體及報紙機關盡解散封閉韓人之殺身殉國者輒被嚴查脇其家人不得發洩其死由而狗彘不食之賣國賊黨皆受金獲爵意氣揚揚人獸易位天理滅盡矣重根之從弟明根慨然曰我兄既殺伊藤我不能殺寺內乎乃陰結壯士

密辦武器欲於火車之要路襲擊寺內計畫既定而不意事洩猝被逮捕入法庭對簿曰爾等不識在哈爾濱殺伊藤之安重根乎我兄也我欲繼我兄之志殺寺內復國仇耳法官曰爾託以國事募集金錢取人之不肯予者非盜而何明根曰爾等強奪我二千萬衆抵死不肯予之邦國眞天下之巨盜我則欲除巨盜以活國民者奈何謂盜法官不敢復詰遂以謀殺未遂處終身役於時傍聽者皆曰與安義士可謂難兄難弟併耀千古矣日人又因此而羅織黨案金鴻亮金道熙高貞華李尙眞李承吉等百餘人悉以連累被逮繼而有梁起鐸安泰國李昇薰林蚩正玉觀彬諸人之案又明年有尹致昊柳東說等一百二十人之事此所謂暗殺寺內案而實無可執之証而直欲以滅愛國之種而已

第二十八章　李在明金貞益

李在明金貞益平壤人寺內渡韓之先合併之說頗騰報界兩人相議曰事急矣將若之何我輩同志俱以殉國決心者安重根既先着一鞭以盡國民之職而我輩獨不能耶前此日人之強勒締約實由我國賊黨貪利賣國爲彼作倀故容易得手今吾輩先發制人急除賣國賊彼之勒約或可沮止救得國命於萬一之幸而政府之李完用一進會之李容九賊魁也殺此兩賊餘賊亦皆知危不敢附和締約救急之策惟此而已盍亟行之乃各懷利刃渡浿水入漢城察兩賊之動靜適李完用以天主教會之速賓赴鐘峴教堂在明聞之粧賣栗商燒栗教堂門外而待之見完

用出遮車抽刃而家奴捍之刺奴卽斃、完用、墜地因乘而刺之、深入腹、日巡等急救之捕在明置獄乃以殺人律處絞完用入醫院治數月得不死、貞益欲刺李容九日伺其便而在明事發被捜捕出其刀擲之曰吾欲以此殺賊救國而竟至是耶以謀殺處終身役、嗚呼志士仁人一擊不中竟使完用締合併條約無乃天之亡韓歟、亦使完用完成其獨一無二之賣國賊歟此時韓人義俠之聲大噪中外日人亦頗懼之故其國各報有平壤人獰猛之論以重根及張仁煥李在明金貞益俱西道人故也在明曾入耶穌教幼失父年十三從西洋宣教師赴美洲以勞動得盤貧回國在平壤多結有志密謀復國皆急進派也亦嘗奔走於中俄領土之界訪問同胞平居在衆人之中恂恂若言不出口、人或易之而內甚悍敢死於義此、士之難乎以貌相也、貞益家至貧寄傭人家服役之暇就勞動夜學堂受業佩服嘉言善行惟恐不及事主人甚勤且恭而惟命招之妓拒而不往、人以此知其直夫此兩人者微矣而奮義討賊欲救國命於垂、絕犧牲其身如赴樂地其事雖敗其烈光於萬世矣彼所謂搢紳士大夫世受爵祿代襲勳戚祖祖孫孫蟠據勢要窮極富貴之徒居則曰有休戚與共之義主辱臣死之職及其社屋主虜之日叛國事讎不惟不愧反以不失富貴爲至、幸殊榮驕蹇如故嗚呼天乎覆載之間獨容此獸類之毀滅人道蹂躪天理何哉

結論

余述此篇中國言論家取而名之曰世界偉人傳夫重根之爲世界偉人者以哈爾濱一擧振動天下歟曰唯唯否否重根自十五歲已以擧義討賊現其頭角慨國民之文弱卽以尙武主義熱心提倡逮夫國危已迫民智猶穉則欲以教育爲救亡之第一奔走竭力飄零海外號召義勇戰天下莫强之敵直犯其鋒則仿之文山其事尤難手殪國仇於五步之間震驚六洲則較之子房其烈尤光滯獄累月不怵於威不誘於利從容成仁則與文山之全節同嗚呼此所以爲世界偉人也若以狙擊一事擬諸荊聶之流則冤矣夫歷觀古今亡國史忠義之血固斑斑焉而終乃無救其亡豈國之存亡天也有非人力所及者耶韓之季世亦非無人元老焉有閔泳煥趙秉世洪萬植儒林焉有崔益鉉宋秉璿柳麟錫黃玹金道賢軍人焉有朴勝煥閔肯鎬義兵焉有李康年全海山李殷瓚許蔿延基祐洪範道諸人志士焉有李儁李在明安明根金貞益等而重根尤其轟轟烈烈者也何以無救於亡乎嗚呼今日國家競爭以國民全體之力而不以個人焉故其勝負以國民之團合能否決之其民同心愛國一體合力者如塞耳維亞布加利亞之至小而能自强自立其民各自徇私而不愛國渙散而不團體者雖以印度波蘭之大而底於滅亡少數忠義之士僅足爲亡國之生色而已尤不可悲哉是以重根平日大聲疾呼告我國民者團合主義也我同胞其無忘乎嗚呼重根手握刀在左右

二〇一一，五、三八第一回

安重根傳

三十八

訳者あとがき

この本の拙訳を校正しながらつらつら思ったことは、安重根が伊藤博文を撃ったことによって、当時の日本の政局および東アジアの政治状況が大きく動いたのではないのか、ということであった。ありていに言えば、日本の「韓国併合」が早まり、満州への触手を確実に伸ばしたのではないかということである。

斃れた伊藤博文はこのとき六九歳であったが、彼はすでに内閣制度を創設して自ら初代の内閣総理大臣（一八八五年）となっている。さらに、大日本帝国憲法制定（一八八九年二月）に主導的役割を任じて議会制度を確立、教育勅語発布に力を注ぎ、日本独特の天皇制帝国主義国家形成に中心的役割を担った。この間、対外戦争として日清・日露戦があり、日本は両大戦に勝利することによって莫大な賠償金を得るとともに版図を拡げ、末席ながらも列強の一角を占めるようになる。

一方で、日本帝国主義躍進を裏から見れば、琉球処分による沖縄の人たちや朝鮮国民、そして中国国民、日本国民犠牲のうえに「躍進」したことになるだろう。その犠牲の度合は、沖縄の人たちや弱小国家の朝鮮国民に最も負担がのしかかり、次に中国国民、そして日本国民の順であったろう。

伊藤らが主導する明治国家の壮大な野望は、東アジア民衆の犠牲のうえに築かれていくのであるが、独り日本国民だけは上からの「教育と指導」の下で、アジアの盟主、言い換えれば一等国民になったと思い込まされ、国民は狂喜喝采した。このことは、伊藤の国葬（一九〇九年十一月四日）

によって国民がより結束することになるが、ここによく象徴的に表れている。しかし、日本国民は帝国（皇国）軍人として死ぬことを余儀なくされており、後に多くの若い命が「散華（さんげ）」「玉砕」という美名のもとに死へと向かわされていく。

伊藤は初代内閣総理大臣を辞した後、枢密院議長に就き、他方で初代韓国統監を兼ねるようになる。枢密院議長の伊藤は、ロシアの財務長官ココフツェフと満州における権益を協議する目的で、十月二十六日朝九時にハルビン駅に着き、列車から下りてすぐに安重根に撃たれたのだった。

この事件は世界に少なからずの波紋を投げかけた。欧米諸国の新聞は伊藤の死に同情する論調だったが、アジア諸国では安重根を義士として称えた。韓国内の民族紙は弾圧を受けながらも挙って称賛した。とくに「大韓毎日申報」は「遭凶光景」と題して狙撃事件を詳細に報道した後、捜査↓公判↓死刑に至るまで継続して伝えた。さらに、海外の韓国人が発行する僑胞紙も快挙として特筆したし、中国紙も安重根の義挙を好意的に報じた。

一方日本では、前述したように伊藤の死を悲しみ十一月四日に、皇族や元藩主以外の者としては初めての国葬が執り行われ、国民を一致団結するのにひと役買った。

日露戦争後の、朝鮮を併合するための伊藤の行動を素描すると、保護国化に抵抗する高宗皇帝に対して、「(日本) 帝国政府はこの条約（日韓議定書）を確定案として提出しているので変更する余地はまったくない」と言って、強圧的に承諾を迫った。すでに大韓帝国政府は高宗皇帝臨席の場で、当条約案の拒絶を結論として決めていたが、これに対して伊藤は韓国駐留の日本軍司令官と精鋭兵を伴って韓国政府の閣議に土足で乗り込み、大臣一人ひとりに条約締結の賛否を詰め寄った。

韓国の総理大臣、財務大臣は「絶対に否なり」と答えた。外務大臣は黙していたが承諾したものとみなされ、他の四大臣はしぶしぶ「同意」した。そして伊藤は、賛成多数として第二次日韓協約、つまり乙巳保護条約を力づくで結ばせたのだった。

この条約によって、日本は大韓帝国（朝鮮）の外交権を強奪し、韓国統監府を漢城（ソウル）の南山（ナムサン）に設置して朝鮮を保護国にした。伊藤は条約交渉→推進（強要）を企てて主導し、初代韓国統監に就いた（一九〇五年一一月）。

伊藤が主導する日本の帝国主義的野望に対して、朝鮮はただ〳〵拱手傍観していたわけではないが、国民が一丸となっていた日本に比べて朝鮮は相対的にみて、国の朝野（政府と民衆）は結束されていなかったことは否めない。安重根はこのことを嘆いている。

安重根は日本から国を守ろうとして、教育事業や社会運動などに積極的に関わるが、それに限界を感じ、海外の満州や沿海州方面に活動の場を移し、抗日武装闘争を目指して人々を糾合しようとした。そして最終的手段として、伊藤博文狙撃という挙に出るのである。

獄中での五か月足らずの間、後に公判も控えていたが、寸暇を惜しんで揮毫を書き、自叙伝を記し、東洋平和論まで表そうとした。東洋平和論は、「序」「前鑑」「現状」「伏線」「問答」から構成されていたと言われているが、「序」にしか手を付けられなかった。残念なことではあるが、「序」からだけでも安重根の現状に対する透徹した認識と洞察力を垣間見ることが出来る。

著者の朴殷植について

朴殷植（一八五九～一九二五）は、安重根（一八七九～一九一〇）よりもちょうど二〇歳年嵩である。朴殷植の主著『韓国独立運動之血史』は既に日本でも訳されており、朝鮮・韓国史に関心のある者には広く知られている。なお、朴殷植については巻末の著者紹介に譲りたい。

翻訳雑感

私がこの『安重根』を初めて手に取ったのは、今からおよそ四、五年前のことだったと思う。日本評論社から出た『図録・評伝　安重根』に収録されていたものであった。日本語としても読みやすく、理解しやすい文章であったが、文脈からみて少し引っかかる点がいくつかあったので、手もとにあった原文と対照しながら読み進めると、いくつか誤訳があるのを見つけた。それで原文で、一から翻訳することにした。日本評論社版は、一九九四年に韓国日報社から出版された李東源訳からの重訳であることが判明した。

朴殷植は朝鮮が日本の植民地になった一九一〇年の翌年に故国を後にし、満州・間島の地に往く。その次の年の一九一二年に上海に落ち着くが、この年に本書『安重根』に取りかかったようだ。上梓に先立ち、本書への周辺からの期待は大きく、寄稿文や讃辞が多く寄せられている。その

内容は省くが一部紹介すると、「東韓烈士歌」「聞哈爾濱砲撃」「悼旅順受刑」「追悼安先生」「悼安烈士」などがあるが、漢字から安重根の伊藤博文狙撃を義挙として称えている、讃辞、オマージュであることがわかる。

周知のように、日本古代における大陸文化の受容は朝鮮を経て伝わることが主流であった。儒教、仏教、農業そして各種文物や建築、工芸などの諸技術もまたそうであった。朝鮮も日本も受容し、咀嚼し、そして自己のものとして定着させる過程で独自の歴史性と文化性を当然のことながら付着するようになる。漢字（漢文）の導入と実際の使い方においても、またそうであった。私見ながら、本書『安重根』にも朝鮮漢文独特の表現があるように思う。詳細については専門家に譲るが、私はそう感じた。

翻訳に当たっては、読み易くするために適時句読点を打ち、改行したりした。また、原文の意味から逸脱しない範囲で意訳した部分もある。

本書が、今日複雑になっている日韓関係、もしくは日本と朝鮮半島の問題を考えるうえで、少しでも助けになったら望外の喜びである。

監修を丁寧にして下さった小川晴久先生ならびに末吉菊次郎さんと阪本博志先生、高橋毅さんたち、そして私の訳書を補うために文章を寄せて下さった申景浩さんと金容権さんに、この場をお借りして感謝したい。末尾になってしまったが、出版を快く引き受けてくれた展望社の唐澤明義社長にお礼を申し上げたい。

◆ 著者紹介 ◆

朴殷植（パク ウンシク）（1859～1925）

愛国啓蒙家にして独立運動家、政治家、漢学者、ジャーナリスト。字は聖七、号は白岩、謙谷、太白狂奴など。黄海北道黄州出身。漢学などを修学した後、早くから「皇城新聞」「大韓毎日申報」「西北学会月報」などのジャーナリズムの世界で健筆を揮い、主筆を務めた。儒学者としては『儒学求新論』を著し、朱子学一辺到に偏りすぎていた朝鮮儒教界を厳しく批判し、陽明学にもっと眼を向けるべきだと説いた。ジャーナリストとして愛国啓蒙・独立精神を鼓吹し、一方で大韓帝国政府の腐敗ぶりを批判した。

1919年の３・１独立運動後は国外へ逃れ、シベリア・満州などの各地で独立愛国団体を組織し、その後上海で「韓国広報」「四民報」の主筆を務める。本書『安重根』もこの頃、漢文で執筆することによって、韓国人はもちろんのこと中国人、日本人にも安重根の人となりや独立精神、平和主義を知らせようとした。最晩年に上海にあった大韓臨時政府の総理として大統領職代理、そして大統領にも就いたが、病を得て間もなく没した。

本書の他に『檀祖事考』『韓国痛史』『李舜臣伝』『韓国独立運動之血史』（この本は、『朝鮮独立運動の血史』（１・２平凡社東洋文庫）というタイトルで出版されている。

◆ 訳者略歴 ◆

小川晴久（おがわ はるひさ）

1941年愛知県に生まれる。1963年東京大学文学部東洋学科卒業。1969年東京大学大学院人文科学研究科博士課程（中国哲学専門課程）修了。東京女子大学助教授、東京大学大学院総合文化研究科教授、二松学舎大学教授を歴任。

［現在］東京大学名誉教授（東攻）東アジア思想史。

［著書］『アジアチッシェ・イデオロギーと現代―槙村浩との対話』（凱風社）、『三浦梅園の世界』、『朝鮮実学と日本』、『南の発見と自立』（いずれも花伝社刊）。

岡井禮子（翻訳家、エッセイスト）

1933年12月、京都生まれ。東京外国語大学中国語科卒後、都立高校で英語・中国語の教師を務める。主な書として『日本で生き抜く中国帰国生』（2004年、中国帰国者の会）、『孫文を助けた山田良政兄弟を巡る旅』（2016年、彩流社）、『私の戦中戦後絵日記』（2019年、彩流社）、『十年書簡話〈聊斎〉』、南開大学出版部（2018年、中国文）、『中国革命と写真』（岡井耀毅と共著）（彩流社、2020年）など。

主な訳書として『孫婉』日中言語出版社（2017年）、『朝鮮の政治社会』（サイマル出版、1973年、鈴木沙雄監訳の下、和田俊氏らと翻訳に協力）など。

申景浩（シン ギョンホ）

1963年　韓国全羅南道高興生まれ。日本大学法学部を経て、同大学大学院博士課程修了。現在、学校法人金井学園理事長、秀林日本語学校長、国士舘大学教授、韓国日本近代史学会会長。専門は日韓近代政治史。

金容権（キム ヨングォン）

1947年９月、岡山県倉敷市生まれ。翻訳家、著述家。主に日韓関係史や韓国のサブカルチャーを紹介している。主な著作物として、『朝鮮韓国近現代史事典　1860-2014』（日本評論社、2015年）、『日本帝国の成立』（日本評論社、2003年）。訳書として『朝鮮事情』（平凡社東洋文庫、1979年）、『民族文化遺産の守護神』（彩流社、2021年）などがある。

安重根

二〇二二年十二月十八日　初版第一刷発行

著　者――朴　殷植
訳　者――岡井禮子
監修者――小川晴久

発行者――唐澤明義
発行所――株式会社　展望社

郵便番号一一二―〇〇〇二
東京都文京区小石川三―一―七　エコービル二〇二
電　話――〇三―三八一四―一九九七
FAX――〇三―三八一四―三〇六三
振　替――〇〇一八〇―三―三九六二四八
展望社ホームページ http://tembo-books.jp/

印刷・製本――モリモト印刷株式会社

定価はカバーに表示してあります。
落丁本・乱丁本はお取り替えいたします。

本書は、韓国文学翻訳院の出版支援によって刊行されました。

ISBN978-4-88546-425-6

JN124774